Mulheres Poderosas no Trabalho

Elizabeth Hilts

Mulheres Poderosas no Trabalho

Academia

Título original: *The bitch at work*

Tradução: Books & Ideas
Preparação: Alyne Azuma
Revisão: Paula B. P. Mendes
Diagramação e projeto gráfico de miolo: Balão Editorial
Capa e ilustração: Martha Tadaieski

CIP-BRASIL. CATALOGAÇÃO-NA-FONTE
SINDICATO NACIONAL DOS EDITORES DE LIVROS, RJ

H55m

Hilts, Elizabeth
Mulheres poderosas no trabalho / Elizabeth Hilts ; tradução de Books & Ideas. - 1. ed. - São Paulo : Planeta, 2013.
136 p. : il.

Tradução de: The bitch at work
ISBN 978-85-422-0158-1

1. Relação homem-mulher. 2. Encontro (Costumes sociais). 3. Mulheres - Psicologia. 4. Assertividade em mulheres. I. Título.

13-02084 CDD: 306.73
CDU: 392.4

2013

EDITORA PLANETA DO BRASIL LTDA.
Avenida Francisco Matarazzo, 1500 – 3º andar – conj. 32B
Edifício New York
05001-100 – São Paulo-SP
www.editoraplaneta.com.br
atendimento@editoraplaneta.com.br

Este livro é dedicado a todas
as mulheres que sabem que
o sucesso não tem fórmula única.
Dedico-o também às minhas
queridas Shannon Hector e Cassidy
Elizabeth Singleton, que me
inspiram a tentar dar o melhor
de mim todos os dias.

~ Agradecimentos ~

A autora gostaria de agradecer (mais uma vez) a Deborah Werksman, por tudo o que ela fez pela mulher poderosa dentro de cada pessoa.

Obrigada a todo mundo da Sourcebooks, em especial a Susie Benton, Leigh Albright e Rebecca Kilbreath.

Várias mulheres foram fundamentais para me ajudar a trazer a mulher poderosa para o mundo dos negócios (agora existe até uma ideia para uma campanha nacional): Laura Fedele, cuja inteligência, humor e inacreditável ética no trabalho continuam a ser uma inspiração; Dawn Collins Hobbs, Nancy Cooper Smith, Michelle Gershkovich, Sheila Manning, Ingrida Perri, Elaine Osowski, Ruth Swanson e Sandra Charles.

Ah, agradeço também aos meus "meninos", Tom Connor, Michael Du Mez, Miguel Frasconi e David LeTourneau.

Obrigada a meus irmãos, Robert G. Hilts e John D. Hilts, por serem mais divertidos do que... bem, praticamente do que qualquer outra pessoa.

Como sempre, obrigada, Neil – pelo chá, por ser o Pacote Completo, por me ajudar a transformar todos os meus melhores sonhos em realidade.

Sumário

Se é verdade que você só começa a ser chamada de poderosa quando obtém sucesso, então talvez o melhor lugar para colocar em prática o poder de sua mulher poderosa interior seja no trabalho. Ou em casa. Ou em qualquer lugar onde você queira ter sucesso.

~ Introdução ~

Parabéns! Você acaba de dar o primeiro passo para colocar sua mulher poderosa interior em posição de comando. Isso mesmo! Só de escolher este livro, você já está a caminho de criar o sucesso para si mesma.

O que a mulher poderosa interior tem a ver com o sucesso? Bem, tem tudo a ver. Deixe-me explicar.

Em meu primeiro livro, *Descubra sua vaca interior – Manual da mulher poderosa*, falei da Bondade Tóxica, aquela misteriosa doença que nos leva a um comportamento autodestrutivo e para a qual o único remédio é entrar em contato com a mulher poderosa interior. A Bondade Tóxica também atende por alguns outros nomes: vontade de agradar, codependência, cuidados especiais (o que pode ser bom quando moderado, mas que não passa de Bondade Tóxica em pele de cordeiro). Não importa o nome que se dê: quando sofremos de Bondade Tóxica, qualquer outra pessoa na nossa vida se aproveita mais de nossos esforços do que nós mesmas. A Bondade Tóxica nos fazer dizer "sim" quando queremos dizer "não". Engolimos nossos pensamentos em vez de dizer aos outros merecidamente o que estamos pensando. Pedimos desculpas por coisas que não são culpa nossa. Entrar em contato com nossa mulher poderosa interior, em contrapartida, significa abrir o jogo e não ter medo de dizer o que pensamos. A mulher poderosa interior é aquela parte de nós mesmas que é esperta, confiante e digna. Ela sabe o que quer e não está disposta a deixar barato – e isso tem *tudo* a ver com sucesso.

Naturalmente, a Bondade Tóxica é letal para os relacionamentos, e foi essa descoberta que me levou a escrever meu segundo livro, *Mulheres poderosas na cama*.

Portanto, este livro era um desdobramento inevitável. Afinal, o que você faria com toda aquela energia que costumava gastar ajudando as outras pessoas? Você pode muito bem colocá-la em prática no ambiente de trabalho, recorrendo ao poder da mulher poderosa interior para obter o maior sucesso possível. E sua mulher poderosa interior quer que você pense grande no que se refere a esse (e a qualquer outro) setor da sua vida.

A chave está em determinar com exatidão o significado da palavra sucesso para você. Porque, vamos combinar, essa coisa de "tamanho único/fórmula única" é tão útil para o sucesso quanto é para seu guarda-roupa.

A boa notícia

Sua mulher poderosa interior vai ajudá-la a encontrar a maneira de atravessar os obstáculos que se interpõem entre você e o caminho para o sucesso – seja lá como for que você o defina.

Como eu sei disso? Sei disso porque tudo o que tenho hoje devo ao fato de ter entrado em contato com minha mulher poderosa interior. Além do óbvio, o contato com ela me ajudou a ser mais honesta comigo mesma em relação às minas terrestres que existiam no meu caminho para o sucesso – obstáculos que, em muitos casos, eu mesma impus. Por exemplo:

- Passei por um momento difícil ao admitir que sou ambiciosa – isso foi, é claro, parte considerável da maneira como a Bondade Tóxica funcionava em minha vida.
- Estive envolvida com pessoas que não apoiavam meus esforços – no meu caso, esse grupo incluía pessoas como meu marido na época, gente com quem eu trabalhava, chefes e amigos, muitos dos quais sempre me desencorajavam a tentar obter sucesso.
- Durante muito tempo estive na profissão errada, o que para mim foi uma escolha em grande parte influenciada pela Bondade Tóxica. Por estar tão focada em garantir que todo mundo ao meu redor estivesse bem, levei um bom tempo para perceber que ir trabalhar diariamente era apenas razão de sofrimento, e não só porque eu precisava usar meia-calça todos os dias.

Quando, por fim, comecei a entrar em contato com minha mulher poderosa interior, as minas terrestres começaram a desaparecer. Não aconteceu por mágica; demandou muito trabalho. Mas quero chegar ao seguinte ponto: estou me dirigindo a você aqui das trincheiras. Não tenho um MBA, não subi fácil na carreira; minha única especialidade é a mulher poderosa interior – e prometo a você que estar em contato com ela vai ajudá-la a encontrar o sucesso que você tanto almeja. Como? Com um lema ao alcance da mão, com certeza. Meu primeiro livro abordava o termo "acho que não" (sem dúvida é um termo bastante abrangente); já *Mulheres poderosas na cama* tinha como lema "Onde eu estava com a cabeça?" (e "onde eu estava com a cabeça" serve para qualquer dia da semana). Assim, para manter a tradição da mulher poderosa interior, para ajudá-la em seu próprio caminho, o lema de *Mulheres poderosas no trabalho* será "vou pensar no caso".

"Vou pensar no caso" pode nos ser útil de diversas maneiras:

- É uma boa alternativa a dizer "sim" a todo e qualquer pedido que for feito.
- Dá a você algum tempo para respirar antes de formular qualquer resposta definitiva.
- Faz parecer que você está observando "o quadro como um todo".
- É simples de usar.

Então vamos explorar essa questão.

O sucesso não vai até você.
Você tem de ir até ele.

Capítulo 1

~ A questão do sucesso ~

De que maneira a mulher poderosa interior define o sucesso? Vejamos. Segundo o dicionário, a palavra "sucesso" pode ser definida como:

1. êxito; resultado favorável de tentativas ou esforços;
2. obtenção de riqueza, posição, honras etc.;
3. obra que é de grande êxito.

Tudo isso soa bem, certo? O único problema é que nada disso é realmente útil por uma única e simples razão: a definição de sucesso é exclusiva e única, cada um tem a sua. Cada uma de nós deve definir para si mesma o que considera sucesso e – aqui está a sacada! – a definição pode mudar à medida que evoluímos. Mesmo que escrevamos em pedra uma definição de sucesso, a passagem do tempo e o acúmulo de experiência vão apagar as letras e deixar tudo em branco.

Isso não é simplesmente fantástico?

"Acho que não", imagino você pensando. Mas continue aqui comigo. Vou mostrar aonde quero chegar.

"Antes da vitória é preciso definir a meta."

~ Provérbio grego ~

Em determinado momento da vida, defini o sucesso como a capacidade de pagar o aluguel e ainda sobrar dinheiro para comprar mantimentos, pagar a conta de gás e comprar alguns pares de meia-calça (que, acredite ou não, fazia parte do código de vestimenta das mulheres que trabalhavam naquela empresa, a cartilha do que podíamos ou não usar) todos os meses (as outras contas de consumo, como água e luz, eram pagas no mês seguinte), e aprendi a fazer aquelas delicadas meias-calças resistirem a incontáveis usos e aos inevitáveis rasgos[1]. Depois, a definição mudou um pouco: sucesso passou a significar arrumar um emprego que não exigisse o uso das tais meias-calças. Alguns anos depois, minha definição de sucesso passou a incluir uma sala com porta, subalternos diretos (além de alguns indiretos também), dinheiro suficiente para pagar o financiamento da casa, o financiamento do carro, o serviço de limpeza, comprar mantimentos, pagar o gás, uma roupa nova só porque eu queria uma, algumas rodadas de bebida e um monte de coisas mais, além de dinheiro para viajar nas férias, sair para jantar, ir ao teatro e coisas do gênero.

---

1. Pegue dois pares de meia-calça, cada um com um rasgo em uma perna; corte a perna desfiada em cada uma delas e vista uma sobre a outra, de forma que cada meia-calça vista uma das pernas. Não é confortável, mas funciona na hora do aperto.

Hoje minha definição de sucesso é um pouco mais modesta: posso pagar o financiamento e o serviço de limpeza, e ninguém se reporta a mim a não ser a gata (e ela, aparentemente, não trouxe aquele relatório que pedi). Uso meia-calça apenas quando é estritamente necessário. Além disso, disponho de tempo para escrever livros e curtir meu marido, minha família e meus amigos.

Qual dessas definições é a correta? Todas elas. À medida que minha vida mudou, o significado de sucesso também mudou. E, se você for pensar nisso, vai ver que também foi assim com você.

Sucesso – um alvo móvel

São grandes as chances de que você não queira agora as mesmas coisas que queria há cinco anos. Talvez isso aconteça porque você conseguiu alcançar alguma meta imposta a si mesma lá atrás. Ou talvez, enquanto tentava atingir essa meta, percebeu algo novo e mudou um pouco o foco. É até possível que você tenha se dado conta de que *não queria* aquele emprego, aquele diploma ou aquele estilo de vida no qual empenhava tanta energia. Qualquer que tenha sido a razão, o que você quer agora é diferente.

Mudar sua meta não significa que o objetivo anterior que você tanto desejava alcançar não valesse a pena. Significa apenas que seus sonhos mudaram, provavelmente porque você se reinventou no processo de alcançar a sua meta. Mesmo que o objetivo não tenha mudado, você mudou.

"Todos os mortais tendem a se transformar naquilo que fingem ser."

~ C. S. Lewis ~

O que é verdadeiramente importante em relação à definição de sucesso é que isso nos ajuda a sonhar grande (e sua mulher poderosa interior quer que você sonhe grande, pense grande). Se não soubermos com o que o sucesso se parece, será possível alcançá-lo? Acho que não.

Há, no entanto, muitos obstáculos com os quais vamos nos deparar no meio do caminho.

Aquilo era uma armadilha?

Muitas das minas terrestres existentes no caminho para o sucesso são circunstanciais; outras estão profundamente enraizadas na "tradição"; há ainda aquelas que foram criadas por nós mesmas. Vamos dar uma olhada nelas?

Sucesso Tóxico

O que poderia haver de negativo em relação ao sucesso? Bom, para começar:

- Um sucesso pela definição de outras pessoas é um Sucesso Tóxico.
- Um sucesso limitado a apenas uma área de nossa vida, deixando todas as outras em segundo plano, também é um Sucesso Tóxico.

- Um sucesso que pareça maravilhoso visto de fora mas que por dentro deixa você em frangalhos é um Sucesso Tóxico.

Preciso dizer mais? O Sucesso Tóxico é tão debilitante quanto a Bondade Tóxica. Sua mulher poderosa interior quer que você tenha certeza de que o sucesso escolhido é o sucesso que você realmente deseja – e não aquele que sua mãe deseja para você, nem aquele que seu chefe estabeleceu como parâmetro para que você receba um bônus ou seja promovida.

Salário desigual (ainda)

Mulheres e homens continuam não sendo pagos da mesma forma pelo mesmo trabalho. "Mas isso não pode estar certo", você talvez pense. Mas é verdade, e aqui vão as estatísticas: em 1963, quando foi promulgada a lei norte-americana de igualdade salarial (Equal Pay Act), uma mulher que trabalhasse em período integral recebia em média 59 centavos para cada dólar recebido por um homem; em 2004 – portanto, 41 anos depois! –, uma mulher que trabalhasse em tempo integral recebia 76 centavos para cada dólar pago a um homem pelo mesmo período e pelo mesmo tipo de trabalho. (Faça a conta: a diferença diminuiu menos de meio centavo por ano.) A diferença é ainda pior para as negras: mulheres afro-americanas recebem apenas 69 centavos, enquanto as latinas recebem 58.

De acordo com a Organização Nacional de Mulheres americana (NOW, na sigla em inglês), "se as mulheres recebessem a mesma remuneração que os homens pelo mesmo número de horas trabalhadas, com o mesmo grau de instrução, de situação sindical, com a mesma idade e morando na mesma região do país, a renda anual *per capita* das mulheres aumentaria 4 mil dólares, e a pobreza (nos Estados Unidos) diminuiria pela metade. As famílias trabalhadoras ganhariam impressionantes 200 bilhões de dólares em renda familiar por ano!"[2]

Ainda indignada?

O telhado de vidro

Ele existe, mas não precisamos ficar falando nisso o tempo todo. No entanto, fingir que o telhado de vidro não existe é uma bobagem. Ele está ali, e, portanto, precisamos lidar com ele. Sim, claro, houve mulheres que o quebraram e alcançaram o topo – Carly Fiorina, Meg Whitman (CEO do eBay), Mickey Siebert (primeira mulher a adquirir um assento na Bolsa de Valores de Nova York) e talvez alguns outros nomes venham à cabeça, mas 90 das empresas relacionadas no ranking da *Fortune 500* nem ao menos possuem mulheres em funções executivas.

Contudo, outro importante obstáculo no caminho do nosso sucesso são as coisas que não dizemos em voz alta.

Coisas que não dizemos em voz alta

Existe um antigo ditado que diz: "Somos tão maus quanto nossos segredos".

---

2. Site da Organização Nacional de Mulheres, 25 abr. 2006.

Inúmeras são as razões para não dizermos essas coisas em voz alta – desde constrangimento, passando pela pressão dos colegas, e chegando à "impressão social" (um nome chique para coisas que aprendemos enquanto crescemos, o processo de aprendizagem).

O que são essas coisas sobre as quais não devemos falar? Eis aqui um dos exemplos principais: "*Sou ambiciosa*".

O que há nessas palavras que nos faz suar frio? Pois bem, na verdade, dizer essas palavras de alguma forma soa como algo não feminino. Até mesmo as mulheres que alcançaram o topo em seus campos de atuação minimizam o papel desempenhado pela ambição no sucesso conquistado. "Ah, é verdade, eu ganhei dois Oscar e vários outros prêmios, mas é só o meu trabalho. Eu preferia estar em casa com meus filhos, fazendo alguma coisa no jardim para passar o tempo ou cozinhando bolos todos os dias." Tudo bem então. Foi por isso que vibrei quando ouvi o seguinte diálogo entre a atriz Felicity Huffman, do seriado *Desperate Housewives*, e a jornalista Lesley Stahl no programa *60 Minutes* (de 15 de janeiro de 2006).

Lesley Stahl perguntou a Felicity se a maternidade foi a melhor experiência da sua vida. A resposta foi considerada "inesperada". Eis o que ela disse: "Não, não, e lamento que você tenha feito essa pergunta, pois acho que ela coloca a mulher em uma posição indefensável. Pois se eu não disser a você: 'Ah, Lesley, foi a melhor coisa que já me aconteceu na vida', serei considerada uma péssima mãe. E no momento que eu disse 'não' você pulou para trás".

Fantástico, não é mesmo? A questão é que Felicity Huffman expressou um pensamento que muitas de nós evitam até mesmo admitir que existe – que mesmo que valorizemos o fato de sermos mães, o trabalho pode ser tão importante quanto (ou talvez – ufa! – até mais). O que nos leva ao seguinte: "*O sucesso na carreira é pelo menos tão importante quanto meu sucesso pessoal, e talvez até mais*". E a isto: "*Tenho medo de, se não colocar minha família em primeiro lugar, as outras pessoas pensarem mal de mim*".

Superficialmente, essas duas declarações podem parecer contraditórias. Mas analise-as mais profundamente e veja que elas não são – e não apenas por se tratar de coisas que não diremos em voz alta. "*Tive de fazer uma escolha entre minha carreira e meu relacionamento/casamento/filho.*"

A verdade é que o sucesso exige alguns sacrifícios. Afinal, o dia não tem tantas horas assim. Se você é uma mulher solteira que trabalha em período integral e estuda, provavelmente não vai sobrar muito tempo para sair com o namorado ou com as amigas. Se você é mãe, casada e ainda trabalha em período integral, coisas como "noite com as amigas" provavelmente são eventos raros. Não importa em qual situação você esteja, sua busca pelo sucesso (seja lá qual for o significado disso para você) vai afetar outras áreas da sua vida.

Veja, por exemplo, a declaração de Becca Swanson – a mulher mais forte do mundo, que consegue levantar mais de 930 quilos – à revista *Pink*: "Segredo do sucesso: sacrifício. Tive de renunciar à maternidade. Gostaria de ter me casado e, depois de dez anos, é ridículo que nós (ela e seu parceiro de negócios/noivo Rick Hussey) não tenhamos nos casado ainda, mas nosso dinheiro vai todo para a academia, e todo o nosso tempo é dedicado ao levantamento de peso"[3]. Eis uma mulher que comprou uma academia quando ainda estava na faculdade e se dedica a ela 14 horas por dia.

"Fico constrangida com meu desejo pelo sucesso e tudo o que isso significa."

Parece haver uma antiga crença de que existe algo errado com mulheres ambiciosas, que colocam a carreira em primeiro plano, que desejam – e trabalham duro para – todas as armadilhas óbvias do sucesso. Se isso não fosse verdade, por que as séries de televisão (muitas das quais escritas e estreladas por mulheres) ainda sobrevivem tirando sarro de mulheres ambiciosas? Sem contar todos os dramas na TV, os livros e os filmes que retratam mulheres assim como megeras sem coração que têm uma vida que, em última instância, não têm significado, apenas à espera de que alguém apareça e as salve de si mesmas.

"Parte do motivo para eu não ter colocado minha carreira em primeiro lugar é que meu parceiro não dá o apoio que eu precisaria que ele desse."

Hummm. Talvez este seja um bom momento para revisitar uma ideia pertinente lançada em *Mulheres poderosas na cama*. Ou seja, um homem que não a ajuda a chegar ao topo com certeza não vai ajudá-la a permanecer lá. Enquanto uma parte da sua mulher poderosa interior diz "dê um pé na bunda dele", várias outras partes entendem que talvez essa não seja a solução mais razoável. Sua mulher poderosa inte-

3. "Move over, Arnold", revista *Pink*, novembro de 2006, número 28.

rior sabe que, se seu parceiro não oferece tanto apoio quanto você gostaria, a primeira coisa a ser feita é uma rápida checagem dos níveis de Bondade Tóxica. Você está pedindo isso claramente ou caiu na armadilha de achar que seu parceiro sabe ler pensamentos? Outra pergunta que você precisa fazer a si mesma é a seguinte: qual é o significado da palavra *apoio*? Com base na minha experiência pessoal, admito que durante muito tempo esperei que meu marido (também conhecido como Pacote Completo) me ajudasse a fazer o trabalho doméstico por achar que esse tipo de coisa sugava minhas energias. E eu ficava furiosa quando percebia que ele simplesmente não ia ajudar. "Olha, eu tenho prazos a cumprir, reuniões para organizar e blá-blá-blá. O mínimo que você poderia fazer é limpar o banheiro e passar o aspirador de pó uma semana sim, outra não!", eu berrava com ele. E ele comentava, com sensatez, que ele também tinha uma série de obrigações a cumprir.

Enquanto eu vociferava e delirava relatando como estava sobrecarregada, como me sentia pressionada e como achava tudo aquilo injusto, ele me fez parar com um simples comentário: "Eu não estou querendo prejudicar você. Simplesmente não tenho tempo".

Foi então que decidi contratar um serviço de limpeza, pois percebi que o importante era liberar meu tempo, e não o obrigar a fazer metade do serviço doméstico. Ah, e garantindo uma boa limpeza do banheiro.

Quero dizer que "apoio" é uma palavra de muitas faces e pode ser encontrada em diversos lugares. Sua mulher poderosa interior quer que você se certifique de que não está enganando a si mesma insistindo em obter apoio somente de uma fonte.

"Carreira? Eu não quero uma porcaria de uma carreira! Preciso apenas de um trabalho onde possa manter corpo e mente juntos."

Não há muito que discutir em relação a essa frase. E a maioria de nós que se sente assim gostaria muito de dizer isso em voz alta. Sua mulher poderosa interior diz "Bravo!". Ela também sabe que, se você precisa ir trabalhar, pode muito bem extrair o máximo que puder da experiência. Então continue lendo.

Sua mulher poderosa interior gostaria de lembrar a você que nem todas as perguntas precisam de uma resposta imediata.

Capítulo 2

~ "Vou pensar no caso" ~

Como o "vou pensar no caso" vai nos ajudar a superar os obstáculos existentes no caminho para o sucesso?

Vamos pensar no caso

Sua mulher poderosa interior quer que você aproveite todos os benefícios decorrentes do seu trabalho duro – e sejamos claras em relação a isso: parte do motivo de isso se chamar "trabalho" é porque é difícil, pelo menos durante uma parte do tempo. Mesmo empregos que amamos podem testar nossa paciência, causar dificuldades e nos levar à distração. Isso soa familiar? É claro que soa; é mais ou menos como nossos relacionamentos.

Como acontece nos relacionamentos, parte de se estar em contato com sua mulher poderosa interior no ambiente de trabalho significa que você sabe o que quer e age de acordo com isso. É aqui que o "vou pensar no caso" realmente se torna útil.

Vamos experimentar? Você vai querer usar o "vou pensar no caso" e intensificar seu uso aos poucos.

Primeiro exemplo

Você já está na quarta reunião de estratégia da semana e ainda é quarta-feira. Nas três primeiras, você não só se ofereceu voluntariamente para pesquisar como cinco coisas diferentes poderiam ser realizadas como também levou donuts e rosquinhas todos os dias. O vice-presidente executivo de "Grandes Ideias" pensa em voz alta se não seria possível fazer uma pausa e arrumar mais uns donuts com cobertura de chocolate. Todo mundo que está na sala olha para você. "Vou pensar no caso", você diz, enquanto termina seu último bolinho e lambe os restos de chocolate que ficaram nos dedos.

Tudo bem, eu sei que esse exemplo é ridículo. Você não come donuts! A questão aqui é outra. Se você é a pessoa para quem todo mundo olha quando o vice-presidente executivo tem alguma de suas "Grandes Ideias", então é hora de começar a usar o "vou pensar no caso" pelo menos três vezes a cada reunião. Porque, querida, você está levando sua Bondade Tóxica para o trabalho, e a quantidade de coisas que você está pesquisando prova que todo mundo está se beneficiando mais dos seus esforços do que você mesma. Não vamos nem levar em conta a questão do porquê de você ter se oferecido para levar donuts para o escritório se nem mesmo gosta de comê-los.

É claro que haverá vezes em que pedirão a você que faça algo realmente necessário, mas você precisa arrumar tempo para respirar. Dizer "vou pensar no caso" definitivamente vai funcionar nessa situação.

"Então, Clarice, por que você não vai falar com aquele Hannibal Lecter ali para ver se ele nos ajuda a resolver essa situação?"

"Vou pensar no caso, mas antes preciso pesquisar umas coisas para aquele outro projeto no qual estou trabalhando."

Segundo exemplo

Sua chefe para na sua mesa e pergunta se você pode ajudar um colega de trabalho, Barry, com uma tarefa "porque o coitado está sobrecarregado".

Você sabe que Barry está sempre sobrecarregado com a dúvida sobre onde vai almoçar hoje. A experiência também ensinou que ajudá-lo significa fazer o trabalho inteiro enquanto ele fica com o crédito. Além disso, você já tem trabalho suficiente em cima da sua mesa para mantê-la ocupada por pelo menos dois meses – e tudo precisa ser entregue até segunda-feira.

Você pode ficar brava ou então tentar a seguinte abordagem: "Estou pensando se conseguiria fazer a tempo, mas deixe-me fazer uma pergunta: alguma das coisas em que eu já estou trabalhando pode esperar até depois da conclusão desse projeto?". O bom de colocar a responsabilidade da decisão sobre a chefe é que, ao mesmo tempo que não está se recusando a ajudar, você está pedindo a ela ajuda para priorizar o fluxo de trabalho do departamento.

Terceiro exemplo

Em um almoço com uma cliente, ela entrega a você o prospecto da mais nova aventura empresarial do filho dela. "É uma grande ideia. E ele está atrás de investidores. Estou colocando 10 mil. Você devia investir também!".

Sua resposta? "Vou pensar no caso." Mais uma vez, não chega a ser exatamente uma resposta, apesar de sua mulher poderosa interior recomendar que você leia com atenção o prospecto e converse com um consultor financeiro antes de fazer qualquer investimento. O benefício agregado de conversar com seu consultor financeiro é que, se você preferir não investir no negócio do filho da sua cliente, pode responsabilizar um especialista pela decisão.

Quarto exemplo

Certo dia, você recebe um telefonema de uma recrutadora que precisa preencher uma vaga e calhou de a posição ser o emprego dos seus sonhos. "Você conhece alguém bom para essa vaga?", pergunta ela. "Vou pensar nisso e ligo amanhã", você responde.

Por que não responder: "Claro que conheço! Eu! Seria uma grande candidata!"? Que bom que você perguntou. A verdade é que ela já sabe que você é perfeita para o cargo. Caso contrário, ela não teria ligado pra você. E sua mulher poderosa interior não quer que você pule primeiro e pense depois. Além disso, esse tempo permite que você coloque a casa em ordem. Quando telefonar de volta, já terá atualizado seu currículo, terá feito uma lista de por que você é boa para a vaga e (o mais importante de tudo) fará o contato nos seus termos, e não nos dela. (A propósito, se você trabalha em uma baia de escritório, isso também lhe dará a oportunidade de ligar de um lugar com mais privacidade. Se tiver sua própria sala, é só fechar a porta.)

Dizer "vou pensar no caso" funciona. São grandes as chances de, se permitir a si mesma alguns minutos para pensar nas aplicações possíveis disso em sua vida, você sair com uma lista enorme.

Expandindo os horizontes

É claro que até os melhores lemas e bordões têm seus limites, e assim que você começar a invocar sua mulher poderosa interior vai acabar deixando de lado o desperdício de energia. No momento em que começar a usar o poder dessa mulher para estabelecer as bases do sucesso a seu modo, vai precisar se concentrar em:

- Planejar o trabalho. Não se trata de apenas fazer um cronograma para o cumprimento das tarefas. Quando se está em contato com a mulher poderosa interior, você é capaz de decidir o que realmente quer fazer para manter corpo e alma alinhados. Sua mulher poderosa interior vai ampliar suas possibilidades de carreira: caso queira abrir um negócio próprio, mudar totalmente de profissão ou simplesmente manter o emprego que tem no momento.
- Montar a equipe. Esteja você no comando ou não, sua mulher poderosa interior sabe que você vai precisar de uma equipe se quiser ter sucesso. E essa equipe precisa incluir tanto pessoas com quem você trabalha diariamente quanto pessoas "de fora".

- Lidar com erros. Sua mulher poderosa interior sabe que aprendemos mais com os erros do que com os êxitos.
- Lidar com conflitos. Pense bem: quem seria mais qualificada para essa missão do que sua mulher poderosa interior?
- Perceber o quadro geral (também conhecido como "balanço da vida profissional"). Sua mulher poderosa interior sabe que dedicação total ao trabalho, sem nenhuma diversão, torna a vida superficial demais, sem contar que ninguém é de ferro. Você está disposta a aceitar uma vida assim? Acho que não.
- Ser a chefe. Como costumo dizer, quando você é a chefe, tem o poder (a parte importante dessa frase é que você é a chefe); o sucesso, seja lá qual for sua definição, depende de como você lida com tudo que envolve isso: o poder, o prestígio e a responsabilidade. Sua mulher poderosa interior quer que você abrace a situação como um todo.
- Construir o futuro que você deseja. Basicamente, o objetivo de se estar em contato com sua mulher poderosa interior é levar a vida que você realmente deseja, em termos profissionais e pessoais.

A questão é que a aplicação boa e rápida do "vou pensar no caso" vai permitir que você inicie uma nova etapa e torne o sucesso, seja lá como você o define, mais fácil de ser alcançado.

Sua mulher poderosa interior quer que você tenha certeza de que a escada da sua carreira está apoiada na parede correta.

Capítulo 3

~ Planeje o trabalho e foque nesse planejamento ~

Levando em consideração que passamos a maior parte do dia no trabalho, em um mundo ideal precisamos gostar do que fazemos durante essas longas horas. Sua mulher poderosa interior sabe que você não vive em um mundo ideal. Ela também sabe que esse simples fato não significa que você deva se acomodar em um emprego que não a satisfaça ao menos em parte.

Sonhe grande

Quando tinha cerca de dez anos de idade, minha amiga Peggy decidiu que queria ser astronauta – principalmente porque naquela época ainda não existiam mulheres astronautas, e porque todo mundo dizia que ela não poderia ser uma. Peggy fez umas pesquisas e descobriu que a maioria dos astronautas era especialista em temas como ciência e matemática. Além disso, eles costumavam saber voar. Ela passou então muito tempo estudando qualquer coisa que tivesse relação com o cosmo e resolvendo complexos problemas de álgebra "para passar o tempo".

A boa notícia é que todo o trabalho duro da Peggy rendeu frutos. Em razão do seu conhecimento profundo e das notas altas em ciências e matemática, ela conseguiu uma bolsa de estudos em uma universidade renomada. E quando os pais dela se deram conta de que ela falava realmente sério em relação ao sonho de infância, passaram a pagar para ela aulas de voo toda vez que ela fazia aniversário e em todos os natais a partir dos 16 anos.

E como é ser uma astronauta? Você vai ter de perguntar para outra pessoa. Quando estava no segundo ano da faculdade, Peggy arrumou um trabalho em uma fazenda orgânica e descobriu que aquela era sua verdadeira vocação. E passou então a se dedicar a estudos ambientais. Hoje ela tem sua própria fazenda, onde cultiva todo tipo de coisa saudável. Recentemente, ela decidiu aprender a fazer queijos. "Às vezes eu me pego pensando na ironia da vida", diz ela. "Eu achava que estava destinada a ir ao espaço sideral e aqui estou eu, firmemente plantada na Terra. Mas pelo menos estou fazendo uso de toda aquela ciência!"

Isso nos faz pensar que Peggy não foi bem-sucedida? Acho que não. Ela está, afinal, fazendo aquilo que ama – uma boa coisa, considerando-se a quantidade de horas que ela trabalha –, ela mora em um lugar bonito e, de vez em quando, ainda voa um pouco.

É claro que nem todo mundo tem a sorte da Peggy. Por um motivo: poucas de nós são capazes de imaginar suas paixões desde uma idade tão tenra. A verdade pura e simples é que a maior parte de nós acaba arrumando empregos e começando em profissões quase por acidente: precisamos ganhar a vida, alguém nos oferece trabalho, e nós aceitamos. Às vezes, gostamos do trabalho, às vezes, não – mas o que uma mulher deve fazer nessa hora?

Bom, sua mulher poderosa interior quer que você pense no caso e analise suas opções.

Analise suas opções

Por exemplo, quando eu percebi (depois de sete anos, aliás) que ser secretária não era exatamente a carreira dos meus sonhos, entrei em parafuso. É, eu tinha acabado de deixar um emprego muito bom, que pagava bem e proporcionava um monte de benefícios, para me transformar (que rufem os tambores, por favor!) em uma *escritora*. Minha decisão acabou dando certo no fim das contas, mas, se eu estivesse em contato com minha mulher poderosa interior, poderia ter feito tudo de outra maneira, como aconteceu com minha amiga Joan.

Imediatamente depois de sair da escola, Joan arrumou um emprego como recepcionista em uma grande empresa local, o que era bastante adequado para ela, que detestava estudar, e a última coisa em que queria pensar era entrar em uma faculdade. Com o passar do tempo, Joan acabou se transformando em assistente do presidente da empresa, o que, uma vez mais, caía como uma luva, porque ela estava ganhando um bom dinheiro, gostava do chefe e, na maior parte do tempo, o trabalho era relativamente tranquilo. Ela atendia o telefone, marcava compromissos, pedia almoço, organizava os detalhes de viagens, coisas assim. Acontece que Joan estava entediada. "Eu levava um livro para ler ou passava metade do expediente pendurada no telefone com alguma outra secretária que estava passando por um momento ruim na vida", admitiu ela. Obviamente, Joan era sempre a pessoa a quem suas amigas recorriam em busca de conselhos porque se mantinha em contato constante com sua mulher poderosa interior e tinha fama de dizer o que quer que fosse sem rodeios.

Foi durante uma dessas conversas telefônicas que Joan teve uma epifania. "Uma amiga disse que eu a estava aconselhando melhor do que sua terapeuta, e então aquela luzinha da ideia se acendeu", Joan me contou. "Eu adorava ajudar as pessoas a resolver seus problemas e era, pelo menos aparentemente, muito boa nisso. Além disso, o presidente da empresa não demoraria muito a se aposentar. E se eu não gostasse do sucessor dele? Eu teria um emprego naquela situação? Percebi que era o momento de explorar minhas opções. Então, depois que desliguei o telefone, liguei para uma universidade local e pedi que me enviassem um catálogo."

Joan leu atentamente o catálogo, descobriu que a universidade tinha um programa específico de graduação para alunos mais velhos e, no dia seguinte, ligou para o departamento de recursos humanos para saber como funcionava o programa da empresa para crédito estudantil. "A empresa podia pagar tudo, mas somente se eu obtivesse nota A", explicou ela. Joan matriculou-se naquele mesmo dia e passou os cinco anos seguintes estudando para obter seu diploma. A maior parte do tempo que estudou foi durante o expediente de trabalho, e ela se formou com louvor e com média A. Em seguida ela se inscreveu em um programa de pós-graduação para obter um mestrado em serviço social, que ela também concluiu enquanto trabalhava. Um ano depois de começar o mestrado, o presidente da empresa comunicou a ela que ia se aposentar no ano seguinte. Joan pediu demissão no mesmo dia que ele se aposentou e passou a atuar como terapeuta.

"Está tudo bem", você vai dizer. "Todas essas mulheres amam seus empregos; todas as outras mulheres sabem exatamente o que querem fazer. Eu só preciso manter meu emprego para bancar meu estilo de vida extravagante. Mas isso não significa que eu goste. Então, o que devo fazer?"

Boa pergunta. Sua mulher poderosa interior sabe que nem todas nós acabamos indo parar no nosso emprego dos sonhos, e ela sabe também que muitas de nós simplesmente não queremos empenhar tanta energia na carreira porque preferimos dedicar esforços a diferentes partes de nossa vida. Mas ela quer que você esteja o mais contente possível, então ela gostaria que você analisasse o que funciona para sua vida.

O que funciona para sua vida?

Minha amiga Dawn passou a maior parte da vida trabalhando em coisas que, por falta de um termo melhor, "se apresentaram" para ela. Trabalhou no varejo, vendeu anúncios de jornal, voltou para o varejo, depois se mudou para a Califórnia e acabou, sabe-se lá como, se transformando em maquiadora freelancer para programas de televisão, sessões de fotografia e afins. O trabalho de maquiadora era a profissão dos sonhos de Dawn, e ela amava o que fazia, mas sua vida pessoal era... bem, menos do que satisfatória; então ela se mudou para a Costa Leste dos Estados Unidos para trabalhar como recrutadora. Esse trabalho, nas palavras dela, "pagava as contas" enquanto ela se concentrava na construção da vida que queria para si mais adiante, o que incluía se casar e ter um filho.

Imagine a surpresa dela quando, pouco depois de voltar da licença-maternidade, percebeu que trabalhar em tempo integral em um emprego que a ocupava durante oito horas em horário comercial não era mais bom para ela. Em um cenário clássico de boas e más notícias, a chefe dela também tinha percebido isso e a demitiu – a boa notícia era que Dawn não precisaria mais conciliar as demandas do trabalho e do novo bebê; a má notícia (obviamente) era que ela estava desempregada.

No entanto, como era talentosa, encontrou um novo trabalho como professora auxiliar em uma escola primária local. "Não dá muito dinheiro, mas tem benefícios", ela me contou. "O mais importante é que funciona para mim e para minha família. Afinal, esperei até os 40 anos para ser mãe e quero passar o máximo de tempo possível com minha filha."

Sua mulher poderosa interior sabe que colocar o trabalho em sua perspectiva adequada é fundamental – faz parte do fato de sonhar grande, pois garante que sua vida seja a mais próxima possível da ideal. Portanto, não existe nada de errado em ter um emprego que possibilite a você se dedicar a outras áreas de sua vida. Na verdade, precisa apenas ser o ideal para você. A questão do sucesso, no fim das contas, é que cada uma de nós precisa encontrar uma definição adequada para si mesma.

Sua mulher poderosa interior sabe que sua capacidade de fazer as coisas acontecerem no trabalho depende em grande parte de outras pessoas, então compensa se dar bem com essas outras pessoas. Isso requer Bondade Tóxica? Acho que não. Mas lembre-se de que é sempre bom fazer concessões mútuas.

Capítulo 4

~ Sua equipe, seu trabalho ~

Toma lá, dá cá

Como certa vez alguém escreveu, "o poder é construído a partir do trabalho em equipe: pense na Capela Sistina. Equipes são compostas por indivíduos. Quanto mais fortes os indivíduos, mais forte a equipe". Sua mulher poderosa interior quer que você forme uma equipe forte. Sem uma equipe não haverá sucesso, e ela sabe que sua capacidade de fazer as coisas no trabalho depende em grande medida de outras pessoas.

"O trabalho em equipe divide as tarefas e multiplica o sucesso."

~ daquela mulher sábia, a Anônima ~

Sua mulher poderosa interior quer que você se certifique de que sua equipe não é composta apenas de pessoas que estão no seu departamento, pois, na maior parte dos locais de trabalho, não trabalhamos apenas com as pessoas do nosso departamento. Na verdade, precisamos manter relacionamentos bons e sólidos com as pessoas de toda a organização. Dessa maneira, quando precisamos que algo seja feito, podemos recorrer aos membros de nossa equipe para fazer as coisas acontecerem.

Quem deve estar na sua equipe? Que bom que você perguntou.

Membros da equipe

A prestativa

Todos já vimos isso acontecer: você está em uma reunião, e alguém que ocupa uma posição relativamente alta na "cadeia alimentar do escritório" diz algo como "e se a gente tentasse algo mais ou menos assim?". O "assim" pode significar qualquer coisa, desde pedir o almoço até lançar um produto; na verdade, não importa, pois o "assim" é uma ideia que veio de cima. O silêncio recai sobre a sala enquanto todo mundo olha com atenção para seu bloco de notas e se agacha rápida e subitamente para pegar a caneta que caiu no chão. Todo mundo – com exceção da prestativa.

Você a conhece. É aquela que sempre se oferece voluntariamente para realizar os trabalhos mais ingratos e pesados, aquela cuja mesa contém pilhas e pilhas de papéis e arquivos dos quais ela precisa para compor o cenário do seu trabalho pesado, aquela que age como uma espécie de mãe do escritório. Ela também é aquela que não tem a menor noção de por que não foi promovida depois de quatro anos.

"Eu me dedico tanto, faço tudo o que todo mundo me pede. Por que ninguém reconhece minha contribuição?"

Você sabe a resposta. Ela é valiosa demais na função que ocupa. Se fosse promovida, não ia ter tempo para fazer todo o trabalho!

A prestativa, assim como a natureza, odeia o vazio. Enquanto todo mundo evita o contato visual com as outras pessoas da sala, ela acena e diz, toda ansiosa, "eu posso fazer!". O alto escalão concorda, todo mundo volta a respirar, e a prestativa acrescenta mais uma tarefa à sua já extensa lista de afazeres.

Se você é a prestativa do escritório, sua mulher poderosa interior quer que você respire fundo antes de se oferecer para ajudar novamente.

Se você não é a prestativa, certifique-se de que ela esteja sempre presente na sua lista de participantes das reuniões (apesar de talvez você querer considerar a possibilidade de dar a ela uma cópia deste livro, pois, como disse certa vez Louisa May Alcott, "ajudarmos umas às outras faz parte de uma religião chamada irmandade". E está claro que essa irmã precisa de alguma ajuda).

A malabarista

Sabe aquela mulher que digita loucamente enquanto segura o telefone com o ombro no ouvido, contorcida como se estivesse praticando ioga? Ela é a malabarista.

Sabe aquela que simplesmente consegue achar o documento certo em seus arquivos ao mesmo tempo que responde à pergunta de alguém? Sim, é outra malabarista.

E aquela que trabalha com você e consegue se desdobrar entre quatro projetos diferentes com prazos sobrepostos, entrega todos no dia certo, faz pilates na hora do almoço para que os exercícios não interfiram na vida familiar, e está sempre de bom humor, calma e composta? Essa deve ser a malabarista-mor. (Talvez ela esteja tomando algum desses medicamentos que mexem com o humor, mas veja só, se isso funciona para ela...)

À primeira vista, as malabaristas podem ser aquelas mulheres que nós amamos odiar e odiamos amar. Mas a verdade pura e simples é que toda equipe forte precisa de uma pessoa assim.

A multiquestões

Não, não se trata da "multifunções". Como o próprio nome já diz, a multiquestões não faz nada sem antes realizar uma pesquisa minuciosa. Passe uma tarefa para ela e aguarde uma metralhadora de perguntas: "Você quer isso em uma planilha? Eu já não fiz algo parecido no mês passado? Podemos usar dados que já existem? E se a gente distribuir cada parte para uma pessoa, e eu compilo tudo no final?".

Você responde sempre: "Vou pensar no caso". Dez segundos depois você se ouve dizendo algo como: "Que tal você mesma fazer porque essa é a sua função?".

É verdade que de vez em quando a multiquestões aparece com alguma pergunta realmente boa, e apesar de ela nos deixar meio doidas com todas as suas indagações, elas podem ser bastante valiosas para a equipe. Eu, por exemplo, trabalhei certa vez com uma multiquestões – vou chamá-la de Mary – que usava essa técnica com muita eficácia. Nas reuniões, o vice-presidente de área às vezes dizia de passagem que receberíamos mais um projeto para trabalhar.

"E quem vai fazer o cronograma do projeto?", Mary perguntaria.

"Bom, acho que o gerente de projeto", diria o vice-presidente.

"E vamos poder destacar alguém de algum dos outros dez projetos em que já estamos trabalhando?", perguntaria Mary. "Ou você está pensando em acrescentar isso à nossa carga de trabalho já em andamento?"

"Acho que vou deixar o gerente de projeto decidir isso", diria então o vice-presidente.

"Posso ligar para o gerente de projeto para discutir isso?"

"Acho que sim", diria o vice-presidente, revirando os olhos.

Depois da décima reunião nessa toada, Mary explicou a teoria por trás de todas as perguntas. "Sei que posso parecer idiota, mas a verdade é que ele (o vice-presidente) não tem a menor noção do trabalho que dá fazer tudo isso. E, na maior parte das vezes, as pessoas que deveriam falar alguma coisa não perguntam tudo o que é necessário, e perde-se tempo demais com trabalho desnecessário", disse ela.

É claro que ela estava certa. No fim das contas, ao se permitir parecer um pouco boba, Mary usava seu lado multiquestões para ajudar o grupo a ganhar clareza, organizar o fluxo de trabalho e extrair o máximo de nossos recursos limitados.

Sua equipe, suas regras

Outra maneira de fazer com que a integração de uma equipe a ajude a ter sucesso é entender que equipes que correspondem às expectativas tendem a ser recompensadas. Uma mulher que conheço – vou chamá-la de Carol – formou sua equipe e cuidou dela com carinho durante anos, desde o dia em que entrou na empresa como diretora. A empresa não estava indo muito bem, o desempenho andava aquém do exigido pelo alto comando.

Carol analisou o terreno e percebeu que parte do problema era a existência de muros invisíveis, mas extremamente densos, separando os departamentos, muros que praticamente impossibilitavam a realização das coisas. O líder de um grupo não gostava do líder do outro grupo, então ele desencorajava que sua equipe fornecesse as informações requisitadas pelos demais. Em resposta, o outro grupo trabalhava com uma mentalidade mais ou menos assim: "Já que eles não vão nos ajudar, vamos sabotá-los". E esse tipo de comportamento se reproduzia desenfreadamente dentro da empresa.

Carol percebeu que provavelmente não conseguiria mudar aquilo; a única maneira de consertar toda aquela bagunça era montar uma equipe que trabalhasse apesar dos muros invisíveis.

Entre os membros óbvios da sua equipe estavam as pessoas que se reportavam a ela, mas Carol também estabeleceu relacionamentos poderosos com pessoas de outros departamentos aplicando algo que pode ser chamado de "tática de guerrilha" para conseguir fazer o trabalho progredir. Ela não mandava e-mails para pedir ajuda nem convocava um monte de reuniões. Quando precisava de dados para um relatório, pensava qual membro da equipe seria o mais indicado para conseguir a informação e, ao passar pela sala dessa pessoa só para dar um "oi", pedia o que precisava. E ela encorajou seus subordinados diretos a fazerem o mesmo. "Não joguem conforme as regras estabelecidas", dizia. "Joguem de maneira que possamos ganhar."

Uma coisa a ser notada é que Carol entendeu que o *nós* que podia vencer incluía todos os funcionários da empresa, e não apenas a equipe dela. "Eu sempre tive em mente que nossa empresa deveria tentar passar a perna na concorrência e não em si mesma", explicou ela. Radical, não?

Ao montar uma equipe, Carol foi capaz de atravessar os muros invisíveis, criando oportunidades para dinamizar processos e fazer as coisas andarem. Em outras palavras, ela não jogou conforme as regras que vinham impedindo a empresa de atingir determinadas metas. Como resultado, em um ano as vendas aumentaram, e Carol foi promovida a vice-presidente de seu departamento. E a equipe dela subiu junto. Obviamente, seus subordinados diretos cresceram junto – um gerente passou à posição de diretor, outra pessoa virou gerente e assim por diante –, mas o que se mostrou realmente interessante foi o fato de membros da equipe de outros departamentos também terem sido promovidos. Na verdade, o chefe de departamento que desencorajava a cooperação deixou a empresa "em busca de novos desafios", e o membro da equipe de Carol naquele departamento assumiu a função.

Ah, é claro, havia alguns funcionários maldosos espalhando que aquelas promoções aconteceram porque os beneficiados "puxavam o saco da Carol". Mas o que aconteceu foi que, ao jogar conforme suas próprias regras, a equipe formada por Carol realmente mostrou resultado.

Sua mulher poderosa interior gostaria de lembrar que não é necessário lidar com todos os fatores de irritação que cruzam seu caminho ao longo do dia. Mas nunca opte pelo silêncio quando um problema for realmente importante, ou o silêncio vai resultar em Bondade Tóxica.

Capítulo 5

~ Lidando com os conflitos ~

A mulher poderosa interior é praticamente feita sob medida para lidar com os conflitos que inevitavelmente surgem na nossa vida profissional. E ela é ainda mais bem equipada para descobrir como resolvê-los.

Estar em contato com sua mulher poderosa interior significa que você não vai apenas sobreviver aos dias em que o escritório mais parece um campo de batalha, mas vai aprender o que a faz prosperar apesar dos conflitos muitas vezes ilógicos que envolvem a política no ambiente de trabalho, sem ter de recorrer a comportamentos típicos de "mulheres não poderosas", como ofender, ter medo diante da autoridade e sonhar com o dia em que você vai se sentir poderosa o bastante para agir por conta própria (ou de outra pessoa).

Sua mulher poderosa interior pode ajudá-la a lidar com alguns dos conflitos típicos que ocorrem nos locais de trabalho. Vamos explorá-los.

Beco sem saída

Minha amiga Minnie viu-se em um beco sem saída pouco depois de ser promovida a um cargo gerencial na empresa em que trabalhava havia anos. Parte do motivo de sua promoção foi a súbita saída do gerente anterior, que "foi em busca de novos desafios", o que, obviamente, é uma mensagem em código dizendo que a pessoa foi demitida. Nesse caso, ele foi cortado porque alguém finalmente descobriu que o sujeito vinha orientando a equipe a ignorar certas ordens vindas de cima. "Esses idiotas não sabem o que estão fazendo", dizia ele. "Vamos fazer do meu jeito." O resultado dessa ação incluía uma base de dados que não funcionava direito, levando à perda de prazos e – ainda mais grave – a uma perda de receita, já que a empresa não conseguia entregar os produtos de maneira eficaz. Minnie herdou o que muita gente chamaria de "bagunça", mas arregaçou as mangas e batalhou até encontrar uma solução.

Outra coisa que deixa sua mulher poderosa interior muito irritada: de acordo com um estudo da Catalyst, empresa de pesquisa e consultoria, o estereótipo machista de que mulheres não são boas para solucionar problemas cria uma situação paradoxal. Por causa do estereótipo, muitas pessoas relutam em seguir ordens de chefes mulheres e, com a habilidade para a solução de problemas minada, as mulheres perdem poder interpessoal.[1]

1. "Women 'take care', men 'take charge': stereotyping of U.S. business leaders exposed", revista *Catalyst*, 2005, www.catalyst.org.

Logo ela percebeu que a primeira coisa que precisava ser feita era reconstruir a base de dados praticamente do zero; então, reuniu a equipe e explicou o que achava que precisaria ser mudado. Mas como bases de dados não eram sua especialidade, ela deixou de adotar algumas medidas necessárias, o que um homem, Joe, aparentemente sentiu enorme prazer em apontar antes de declarar: "Isso não pode ser feito. Vamos precisar de soluções alternativas". Todo o restante da equipe concordou com a avaliação dele, o que deixou Minnie confusa.

"Por que não pode ser feito?", perguntou ela.

A resposta consistiu em uma série de jargões técnicos que Minnie não apenas não entendeu, mas a fizeram ganhar uma grande dor de cabeça. Ela encerrou a reunião, voltou para sua sala, fechou a porta, apagou as luzes e afundou a cabeça na mesa.

"Eu achava que tinha fracassado", confidenciou ela ao me contar sua história. Mas então aconteceu algo mágico. Confundindo os sinais transmitidos pela porta fechada e pela luz apagada da sala de Minnie, Joe cometeu o que podemos chamar de um erro de julgamento.

Parado no corredor, cercado pela equipe, ele se vangloriou de que aquele seria o fim de Minnie. "Aquela idiota nem sabe o que está fazendo", disse ele.

Um dos outros rapazes da equipe comentou que a base de dados precisaria ser totalmente reformulada e que fazê-lo na verdade era possível. Ao que Joe respondeu: "Bom, você sabe disso, eu sei disso, mas ela não sabe. E quem é que quer trabalhar tanto assim? Não, não. Vamos fazer as coisas do meu jeito até nos livrarmos dessa mala".

"Foi nesse momento que minha mulher poderosa interior assumiu o comando", revelou Minnie. Ela se levantou, abriu a porta e disse:

– Olá, meninos. Talvez eu não tenha sido muito clara: minha função aqui é estabelecer o que deve ser feito e a de vocês é fazer acontecer. Então você – disse ela apontando para o sujeito que afirmou que a reforma da base de dados era possível – agora está encarregado de desenvolver um plano passo a passo. Quero um rascunho disso preparado até amanhã à tarde. E você – disse apontando para Joe – entre aqui na minha sala.

O grupo se dissolveu e Minnie voltou a fechar a porta quando Joe se sentou.

– Você vai me demitir? – perguntou ele.

– Não, eu vou explicar algumas questões simples para você. Se não arrumarmos essa base de dados, a empresa continuará perdendo dinheiro. Se a empresa continuar perdendo dinheiro, não teremos emprego, então não vou precisar demitir você. Mas, se você tentar fazer esse joguinho comigo mais uma vez, você está demitido. Ficou claro?

– Perfeitamente – respondeu Joe.

– Tenho certeza de que o Jerry vai precisar de ajuda para desenvolver o plano, então por que você não vai lá dar uma mãozinha a ele?

Perguntei a ela o que aconteceu depois. Minnie me contou que Jerry e Joe entregaram o rascunho para ela já na manhã do dia seguinte, e durante dois meses todo mundo trabalhou dia, noite e fins de semana para reformular a base de dados. "O interessante foi que Joe, entre todos os membros da equipe, foi o que deu mais duro", lembrou ela. "E, se alguém reclamava da quantidade de trabalho, ele dava uma aula para a pessoa."

A lição mais importante aprendida por Minnie, no entanto, foi a seguinte: quando você é a chefe, você tem o poder, e, se é assim que as coisas são, você pode muito bem jogar o jogo a seu modo. Estar em contato com sua mulher poderosa interior significa que você não tem medo de estabelecer as regras.

Uma autoridade superior

Haverá momentos em que as regras serão estabelecidas por outras pessoas. Pode ser seu chefe imediato, ou então alguém muito acima de você na chamada "cadeia alimentar profissional", hierarquicamente falando. Então o que fazer quando se discorda de alguma coisa que essa pessoa lhe pediu para fazer? Sua mulher poderosa interior quer que você exponha sua posição de maneira concisa, agradeça por ter sido ouvida e pare de falar. Saber quando terminar a conversa não é Bondade Tóxica, é falar de negócios de maneira eficiente. Outra opção seria um prudente "vou pensar no caso".

Uma mulher que conheço, Linda, usou essa técnica e obteve resultados muito bons. Ela estava na sala do chefe quando a vice-presidente sênior de outro departamento entrou para contar que uma informação prometida a Linda para um relatório com prazo apertado não poderia ser verificada a tempo.

– Então pensei no seguinte – disse a vice-presidente sênior. – A gente passa para você o dado bruto e, se você tiver qualquer dúvida, pode entrar em contato com qualquer membro da minha equipe para esclarecê-la.

– Não sei se desse jeito vou conseguir terminar o relatório a tempo, mas me deixe pensar em como posso fazer isso funcionar – respondeu ela.

– Ou nós repassamos a informação bruta, e você traz uma lista de dúvidas para serem respondidas todas de uma vez – sugeriu a vice-presidente sênior.

– Tudo bem, vou pensar nessas ideias – disse Linda novamente.

– Ou então a gente poderia reunir as informações de um modo um pouco mais organizado, passar para você e partir daí.

Era exatamente o que havia sido prometido originalmente, então Linda concordou que seria a abordagem ideal. Quando a vice-presidente sênior saiu da sala, o chefe dela começou a rir.

– Olha, se você não tivesse resistido, ela teria passado para você os dados brutos mesmo – comentou ele. – O que faria se isso tivesse acontecido?

– Para minha sorte, não preciso pensar nisso – respondeu Linda.

Priorizando o que é mais importante

Quando sofremos de Bondade Tóxica, acreditamos no velho "um dia". "Um dia vou me sentir poderosa o bastante para falar sobre coisas que me incomodam" ou "um dia serei a chefe, e então eles vão ter de me ouvir". Mas a mulher poderosa interior precisa esperar para dizer o que pensa até alcançar algum grau de poder no trabalho? Acho que não. Quando estamos em contato com ela, temos força para agir agora, independentemente da posição que ocupamos.

Minha mulher poderosa interior, por exemplo, foi bastante prestativa um dia, quando eu trabalhava em um escritório de advocacia. (Tem algum problema o fato de eu mudar de profissão de vez em quando?) A disposição física do interior da maioria dos escritórios de advocacia – e da maioria dos escritórios corporativos em geral – valeria um bom estudo sociológico. Os advogados (e, no mundo corporativo, os diretores e alguns gerentes) têm salas nos cantos dos escritórios, com portas e janelas. As secretárias e os funcionários das baias ficam em corredores glamorizados. Nesse escritório de advocacia em especial, eu dividia uma baia com Carol, outra secretária, e nossos cubículos eram separados do salão por barreiras de pouco mais de um metro de altura. O efeito era parecido com trabalhar em uma espécie de aquário: era impossível falar ao telefone sem que qualquer pessoa que estivesse por perto ouvisse cada palavra; era impossível ter qualquer conversa com privacidade;

ter foco exigia desenvolver persianas e protetores auriculares imaginários; e se a porta da sala de algum dos advogados estivesse aberta, ouvíamos cada palavra.

Um dia eu estava trabalhando em um projeto realmente grande, que exigia considerável concentração, quando um dos advogados mais novos – vou chamá-lo de Sam – recebeu um telefonema que começou com uma conversa sobre algum assunto de negócios. No entanto, em determinado momento, a conversa ganhou um tom mais pessoal, e o assunto passou a ser alguma mulher com quem o cliente estava saindo.

– E ela é gostosa? – perguntou Sam.

Eu e Carol trocamos olhares pontuados pelas sobrancelhas erguidas. Ela balançou a cabeça.

– Opa, mas você já a viu de biquíni? Você sabe que elas conseguem esconder alguns defeitos se usarem as roupas certas.

Nessa hora eu me levantei, atravessei a sala e fechei a porta da sala dele.

– Meu Deus, ele não vai gostar nada disso – comentou Carol.

– Provavelmente não – respondi, voltando a me concentrar na tela do meu computador.

Alguns minutos depois, a porta da sala de Sam se abriu. Ele me chamou e me pediu para sentar.

– O que foi aquilo? – perguntou enquanto fechava a porta.

– Não acho que eu precise ficar ouvindo conversas como a que você estava tendo – eu disse.

– Talvez você não tenha entendido, mas sou um advogado. Posso ter o tipo de conversa que eu bem entender – respondeu ele.

– Sim, é claro que pode. Mas eu não sou obrigada a ouvir essas conversas – disse, levantando-me da cadeira e me dirigindo até a porta. – Ter de ouvir sua conversa sobre a gostosura da namorada do seu cliente me deixou desconfortável, por isso fechei a porta. Se isso é um problema para você, talvez seja melhor você ir conversar com o sócio sênior. Tenho certeza de que ele tem alguma opinião em relação ao meu comportamento e tenho certeza de que ele conhece o termo "ambiente de trabalho hostil".

Sam apenas me olhava.

– Foi o que eu imaginei. Vou voltar para meu trabalho agora.

Quando me sentei novamente, havia um bilhete da Carol na minha mesa. "Durante anos eu quis ter coragem para fazer algo assim", dizia o bilhete.

– E por que não fez? – perguntei a Carol enquanto segurava o bilhete dela.

– Sou apenas uma secretária – respondeu ela, encolhendo os ombros.

Sua mulher poderosa interior sabe, no entanto, que sem os funcionários de apoio do mundo – pessoas como aquela "simples" secretária – nada jamais seria realizado. Dá um pouco mais de poder quando se pensa no assunto. Ela também sabe que existe um termo que define aquelas situações nas quais não nos expressamos sobre aquilo que nos incomoda: Bondade Tóxica.

Quando cometer um erro no trabalho, e isso vai acontecer, sua mulher poderosa interior quer que você se lembre do que a atriz Rosalind Russell (1907-1976) disse certa vez: "Decepções fazem parte do cardápio da vida, e eu não sou mulher de recusar um prato".

Capítulo 6

~ Erros de julgamento, ou os grandes "ops" ~

O melhor de tudo é que sua mulher poderosa interior vai ajudá-la a lidar com seus erros. Erros são inevitáveis; afinal, como alguém disse certa vez: errar é humano.

"Ai, não! Eu disse isso em voz alta?"

Inevitavelmente você vai passar por um momento "ops!" no trabalho. Quando isso acontecer, sua mulher poderosa interior quer que você respire fundo e supere. Não importa quanto deseje que o chão se abra para você poder desaparecer em um passe de mágica, as estatísticas vão contra a probabilidade de isso acontecer.

Trabalhei durante algum tempo como recepcionista em um escritório de advocacia. Apesar de as recepcionistas executarem trabalhos bastante simples – atender ligações, receber os clientes, organizar a recepção –, a função mais se parecia com estar na linha de frente de uma batalha de vontades. Eu tinha de ficar atenta a quais clientes deviam entrar direto na sala, quais tomariam chá de cadeira, qual negócio era importante, qual advogado oponente seria perpetuamente relegado a "deixar recado". Era bem cansativo.

O mais desafiador, entretanto, era um de meus advogados favoritos – vou chamá-lo de Mickey. Ele era encantador, um daqueles caras malcriados que você não consegue deixar de adorar. Ele também era sócio sênior e muito influente. Mickey deu tanto dinheiro para o escritório que seu comportamento meio rude era tolerado em todos os escalões, de cima a baixo. Como ele conseguia fazer seu trabalho era um mistério, pois passava grande parte do dia perambulando pelo escritório, conversando com as secretárias, tomando um cafezinho e "debatendo" com colegas assuntos de grande interesse jurídico, como qual seria o melhor lugar para almoçar naquele dia. Mas o item primordial de sua agenda diária de tarefas era evitar telefonemas. Mickey detestava falar ao telefone. Quando um cliente pedia para falar com ele, eu o colocava na espera e ligava na sala dele.

– O quêêê? – grunhia ele.

– O senhor Figurão quer falar com você.

– Dane-se! Não quero falar com esse imbecil – resmungava. – Diga a ele que morri. Que fui soterrado em uma avalanche de papéis ligada ao processo idiota que ele moveu. Diga a ele que fiz igual ao Gauguin e fugi para o Taiti.

– Vou passá-lo para a sua secretária – eu dizia.

Quando a esposa dele ligava, então, era pior ainda. E ela ligava pelo menos seis vezes por dia.

Isso se arrastou por semanas. Toda vez que eu ligava na sala dele, Mickey disparava seus epítetos, lastimando-se e me castigando por incomodá-lo. Eu podia anotar o recado ou passar a ligação para a secretária dele, cujo principal talento parecia ser tolerá-lo. Mas, um dia, os telefones tocavam sem parar, e cada ligação parecia caso de vida ou morte. No meio de tudo isso, um dos clientes de Mickey ligou.

– Elizabeth, preciso falar urgentemente com o Mickey – disse ele.

– Um minuto, por favor – respondi, colocando o cliente na espera e chamando Mickey.

Ele estava vivendo um dia atípico, pois sua secretária havia ficado doente, e ele realmente tinha algum trabalho a fazer para o cliente que estava ligando.

– Esse idiota! Eu não estaria sob tamanha pressão se não fosse por causa dele. Não quero falar com ele. Ele só traz problema. Diga a ele que...

Quando Mickey ia começar de novo aquela velha lenga-lenga, duas outras linhas começaram a tocar.

– Olha – interrompi – minha função aqui é atender o telefone e passar as ligações, e por esse serviço ganho substancialmente menos que você. Agora há outras duas linhas tocando e tenho certeza de que quem está ligando quer ser atendido. Você quer atender a ligação ou eu anoto o recado?

Depois de alguns instantes de silêncio, Mickey disse para eu passar a ligação. Apertei o botão, atendi os outros dois telefonemas e me pus a pensar aonde levaria meu currículo. De repente Mickey estava bem na minha frente, com as mãos nos bolsos.

– Oláááá! – eu disse, esperando que aquilo impedisse a minha demissão.

– Ninguém fala desse jeito comigo, você sabe – disse ele.

– Hummm – balbuciei, certa de que ele ia me demitir de algum jeito espetacular e desejando com todas as minhas forças que o chão se abrisse e me engolisse inteira.

– Nem a minha mãe fala assim comigo – prosseguiu ele.

– Certo... – soltei.

– E acho que isso explica um pouco por que sou tão malcriado. Sinto muito se dificultei seu trabalho. Vou tentar me lembrar de ser um pouco mais cordial, tudo bem?

– Sim, tudo bem.

– Então está bem – disse ele antes de sair da recepção.

Daquele momento em diante, Mickey nunca mais deixou de ser cordial comigo. Ele continuou atendendo telefonemas somente em último caso, mas deixou de lado a lenga-lenga. E começou a parar na minha mesa com alguns agrados durante o dia – uma xícara de café pela manhã, um chocolate à tarde. Conversávamos um pouco, e um dia ele me perguntou se eu estava feliz como recepcionista.

– Bem, eu não me incomodo, mas ando um pouco entediada – respondi.

– E um pouco mais de dinheiro também não faria mal, não é?– disse ele.

– Com certeza, não!

Duas semanas depois fui promovida a secretária, com um salário bem melhor que o de recepcionista. E Mickey transformou-se em meu mentor, me ajudando a decidir que eu precisava buscar algo melhor quando ficou claro que as oportunidades no escritório haviam acabado e me ajudando a conseguir outro emprego com melhor remuneração. Então, nesse caso, o que começou parecendo um erro acabou se mostrando uma ação acertada.

Há, no entanto, situações em que um erro não passa de um erro.

Cometendo um erro

Alguns erros não passam de problemas de digitação, como na vez em que Gloria, uma amiga, empreendeu o que poderíamos chamar de uma verdadeira campanha de marketing para encontrar um novo emprego. Ela pesquisou minuciosamente todas as empresas do país para ver a mais interessante, fez uma apresentação em quatro cores para promover "o produto conhecido como Gloria", na qual gastou uma pequena fortuna imprimindo cópias, e usou a sala de jantar como base de operações. Em vez de usar soluções mais simples, como envelopes e correio normal, Gloria despachou sua apresentação em caixas trabalhadas em linho com entrega rápida. Naturalmente, muitas de suas amigas foram chamadas para ajudar, então também apareci lá um dia.

– A apresentação vai primeiro, depois meu currículo. A capa vai em cima – orientou.

Quando fui organizar o primeiro pacote, algo estranho me saltou aos olhos. Peguei uma cópia do currículo dela para olhar melhor e, sem dúvida, encontrei um erro de digitação.

– Ei, Gloria! Onde você fez faculdade?

– Yale – respondeu ela.

– Yale (Y-A-L-E) ou Yeal (Y-E-A-L)?

– Y-E-A... ai, meu Deus!– ela pegou o currículo da minha mão e ficou boquiaberta, emitindo um grito silencioso. Pois bem ali, em preto e branco, estavam as evidências de que Gloria não tinha se formado com louvor na notável escola da Ivy League, mas sim obtido o diploma na menos conhecida Universidade Yeal – como ela havia se vangloriado àquela altura para mais de cem empresas dos Estados Unidos.

Atualmente damos risada disso, pois poucas pessoas perceberam o erro, e Gloria recebeu uma série de ofertas de trabalho como resultado de sua campanha. Mas hoje, sempre que ela resmunga de algum erro cometido por um de seus subordinados diretos, pergunto a ela quanto doou ao fundo dos alunos de Yeal este ano.

Alguns erros, porém, precisam ser arquivados na letra "L", como "letais", pois você nunca vai conseguir se recuperar deles.

Minha amiga Barbara é o que eu chamaria de Peixe Grande. Ela tem uma sala enorme, diversos subordinados diretos (e também indiretos), além de uma assistente que cuida de sua agenda, marca suas viagens, organiza os telefonemas e que tem – algo que me deixa completamente chocada – uma assistente. Pois é, a Barbara é tão importante que a *assistente* dela tem uma assistente. Peixe Grande. Então é possível imaginar que sua ascensão no mundo corporativo deu-se sem erros. Percepção equivocada. Barbara também teve seu momento de "ops!", inclusive um que ela batizou de "o grande erro".

Bem na época em que ela foi chamada para esse emprego, também estava sendo assediada por outra empresa – empresa essa na qual sempre quis trabalhar. Ela conseguiu se sair bem nas primeiras fases de discussões com a tal empresa (no nível de Bárbara, não há entrevistas, mas sim "discussões" a respeito de a participante ser ou não uma candidata adequada para a vaga, e vice-versa) e já estava a caminho da sede para sua primeira reunião com o executivo-chefe e presidente. Logo que pegou a estrada, um rapaz em uma moto entrou atrás dela, colou na traseira e começou a piscar a lanterna para ela. Como não havia como sair da frente dele naquele ponto, ela levantou uma das mãos do volante como se perguntasse "qual é a sua?", o que o fez buzinar longamente. Então acelerou um pouco, deixou que o motoqueiro passasse e, quando ele a ultrapassou, Barbara fez aquele gesto universalmente compreendido, além de aproveitar para berrar poucas e boas.

Sim, é claro que o sujeito na motocicleta era o executivo-chefe com quem ela estava prestes a se reunir. E, sim, é claro que ele a reconheceu. E, apesar de Barbara ter tentado se desculpar de maneira leve, não foi contratada. "Eu realmente desejava aquele emprego", lamenta ainda hoje. O pior é que ela frequentemente encontra o sujeito em eventos do setor, e ele sempre recorda o ocorrido na estrada. Eu sempre tento dizer a ela que quem quer que não entenda o lado dela nesse incidente não seria alguém com quem Barbara gostaria de trabalhar, mas mesmo assim ela ainda lamenta tudo o que aconteceu.

Revertendo a situação

Sempre acreditei que aprendemos mais com nossos erros do que com nossos acertos, em parte porque pensamos mais nos erros que cometemos. Afinal, você por acaso já passou a noite inteira se revirando na cama pensando em algum triunfo? Não, normalmente dedicamos nossa cota de insônia pensando em alguma gafe que tenhamos cometido – como aquela entrevista de emprego desastrosa ou aquela vez na primeira série em que... bem, você lembra.

Então, como a mulher poderosa interior lida com os erros? Bem, deixe-me pensar no caso.

Mantendo a calma

Obviamente erros vão acontecer, e sua mulher poderosa interior quer que você lide com eles imediatamente. Você não tem nada a ganhar (e muito a perder) fingindo que, como fiz certa vez, você se esqueceu de incluir as despesas de um mês inteiro no orçamento do ano seguinte. Em uma situação assim, é fundamental que você revise os números uma vez mais e faça isso da maneira mais rápida possível.

Encarando a situação

E se você não tiver sido a primeira pessoa a reparar que fez uma bobagem? São grandes as chances de alguém (normalmente seu chefe) vir procurar você, e não para elogiar. Quando era coordenadora de um jornal semanal, por exemplo, certa vez mandei a capa para a gráfica com um erro de digitação na manchete principal. Quando a primeira edição do jornal chegou à mesa da editora-chefe, ela deu um grito, sem conseguir acreditar no que via, e foi para a área de produção sacudindo a prova do crime na mão.

– Eu devia demitir você agora mesmo! – gritou ela, enquanto as pessoas que trabalhavam comigo ficaram subitamente interessadas no que havia na gaveta mais baixa da mesa. Apesar de, naquele momento, eu ter desejado que um furacão me varresse até o mundo de Oz, minha única opção real era pedir desculpas rapidamente, o que não foi suficiente para interromper o tsunami de xingamentos da minha chefe. Felizmente, uma hora ela teve de parar para respirar, e eu disse:

– Escute, admito que fiz uma grande c*****, mas não poderíamos pelo menos discutir isso na sua sala?

– Não! – gritou ela, continuando sua série de impropérios.

Não foi o melhor momento da minha carreira. O melhor que tenho a dizer é que não fiquei acuada. Foi naquele instante que percebi que já era hora de seguir em frente. Não apenas porque minha chefe agiu de maneira abusiva (e não apenas comigo), mas também porque cometer um erro como aquele era um sinal claro de que eu tinha perdido o interesse na profissão. Aquele erro me colocou em ação; pesquisei algumas vagas disponíveis e acabei indo parar em um emprego que pagava mais e tinha como benefício agregado me manter bem longe daquela chefe agressiva.

Caindo, mas levantando sempre

Sua mulher poderosa interior aprecia muito essa manifestação de sabedoria, pois ela nos faz lembrar de que somos capazes de superar qualquer coisa, desde que estejamos dispostas a levantar, sacudir a poeira e começar tudo de novo.

Aplicando a regra dos dez anos

É provável que mesmo aquele que parece ter sido o "maior erro de todos os tempos" não seja realmente o maior erro da história do mundo. Pense em quanta competição existe por essa (des)honra, como a moda conhecida como *hot pants*, o Renault 5 ou o mais recente escândalo conjugal no mundo das celebridades. Na verdade, a passagem do tempo faz a maior parte dos erros ser esquecida e ninguém além de você se lembrar do que aconteceu. Sua mulher poderosa interior quer que você tenha em mente que, daqui a dez anos (ou cinco, ou dois, ou talvez daqui a alguns meses), o erro que pareceu grande naquele momento terá se transformado em uma simples lombada na estrada para o sucesso. E, como Rosalind Russell disse certa vez, "decepções fazem parte do cardápio da vida, e eu não sou mulher de recusar um prato".

É claro que existem os erros que precisamos nos esforçar para evitar.

Erros que você não tem como superar

Alguns erros significam o fim da carreira. Veja três exemplos:

- *Dormir com o chefe.* Fazer isso nunca é uma boa ideia. Embora muita gente possa ver isso como uma maneira de obter favores, fica a pergunta de Ellen Goodman: "Se as mulheres podem realmente subir na carreira dormindo com os chefes, como é que elas não chegaram lá? Deve haver uma epidemia de insônia se espalhando por aí". A verdade é que um dos dois (ou talvez os dois) vai acabar perdendo o emprego. Imagine como vai ser tentar explicar na entrevista seguinte qual foi o motivo de você ter deixado seu emprego anterior.

- *Falsas ameaças.* Fazer declarações como "se você não me der um aumento, vou pedir demissão" não é um bom negócio, além de não fazer a maioria dos chefes ceder durante uma negociação salarial.
- *Comportamento antiético.* É provável que você jamais supere a revelação pública de que encomendou um picotador de papel a mais para se livrar de evidências de irregularidades (seja você a responsável ou esteja apenas dando cobertura a alguém). Mesmo que depois você consiga um emprego em outro lugar, a sombra lançada por esse tipo de conduta com certeza será duradoura. Sua mulher poderosa interior sabe que, se alguma coisa não parece bem, provavelmente não está bem – então simplesmente não ceda a esse tipo de coisa. Você pode até perder o emprego, mas pelo menos vai conseguir se olhar no espelho depois.

"Como seria a vida se não tivéssemos a coragem de tentar algo novo?"

~ Vincent Van Gogh ~

Capítulo 7

~ Pensando em fazer as coisas acontecerem ~

Um dos desafios praticamente diários que enfrentamos no local de trabalho é a letargia das outras pessoas. O que sua mulher poderosa interior faz quando as pessoas que trabalham com você não ampliam o horizonte para além do ponto em que estão?

Uma amiga minha desenvolveu uma maneira muito boa de lidar com a política do escritório – em vez de pedir autorização, ela pede perdão (apesar de raramente precisar). Jeannie trabalha para uma entidade sem fins lucrativos que depende de doações e campanhas de arrecadação; uma de suas funções é criar meios de divulgar a organização.

"No meu trabalho, a 'liderança' quase sempre evita tomar qualquer tipo de decisão", explica ela. "Quando comecei a trabalhar lá, eu dava ideias sobre o que queria fazer para aumentar nossa visibilidade, e todo mundo meio que desconversava e mudava de assunto. Ninguém falava diretamente 'não', mas também nunca ninguém dizia 'sim'. Então praticamente nada acontecia porque, como entidade, não ampliávamos nossos horizontes."

A virada em favor de Jeannie aconteceu – como sempre – em um encontro casual durante um evento da área. "Eu estava conversando com uma pessoa que trabalhava em uma grande agência de talentos e comentei que estava pensando em procurar um dos clientes dessa agência – não um dos principais, mas um bastante conhecido – para pedir que atuasse como presidente honorário de um evento que estávamos tentando organizar. Ela me deu o cartão dela e me disse para ligar no dia seguinte porque estava conversando com esse cliente sobre meios de impulsionar a imagem dele."

Quando Jeannie ligou, a agente comentou que a celebridade tinha ficado muito entusiasmada com a ideia. O único problema era que ele ia rodar um filme do outro lado do mundo e só voltaria em dois meses. "O que podemos fazer antes disso?", perguntou a agente.

"Vou pensar em alguma coisa e ligo de volta", respondeu ela. Jeannie então ligou para o diretor de um teatro local e perguntou se havia algum evento programado que pudesse vir a ser transformado em uma ação de arrecadação de recursos. Ele comentou: "Mais uma celebridade cancelou um compromisso, então estamos enroscados".

"Eu tenho o substituto perfeito para você!", afirmou Jeannie. Ela tomou nota de todos os detalhes e ligou de volta para a agente; a agente ligou para a celebridade, que disse que adoraria participar. Então Jeannie foi à reunião semanal e anunciou o que tinha acabado de conseguir. Todo mundo ficou empolgado, e a arrecadação de fundos acabou superando em muito a meta de doações da entidade.

"Tivemos de correr muito para conseguir mandar os comunicados à imprensa e avisar nossos doadores tradicionais, mas é para isso que serve o e-mail", comentou Jeannie. "Desde então, parei de esperar o aval dos superiores em relação às minhas ideias. Faço apenas o trabalho necessário para colocar tudo em andamento e depois aviso o que consegui."

É verdade que há alguns lugares em que esse tipo de coisa simplesmente não funciona, mas sua mulher poderosa interior sabe que há vários desvios para contornar os obstáculos organizacionais.

Desviando dos obstáculos

Por sua própria natureza, as lombadas servem para fazê-la diminuir a velocidade em uma estrada. Pode se tratar de uma técnica útil para controlar motoristas, mas é contraproducente no local de trabalho. Sua mulher poderosa interior quer que você siga em frente – ou, melhor ainda, que encontre meios de contornar os obstáculos existentes no seu caminho para o sucesso.

Vá direto ao ponto

Minha amiga Ellen, por exemplo, é a encarregada da página da empresa na internet. "Ninguém entende realmente o que é preciso fazer para o site funcionar, então o que eu faço é um completo mistério para as pessoas", disse ela. "Eu antes tentava explicar as coisas, mas as pessoas começavam a bocejar apenas alguns segundos depois. Elas ficavam tão fora do ar que nunca chegaram a ouvir quais seriam os resultados do que eu fazia."

Aquilo não significava, porém, que os responsáveis pelas decisões da empresa não tivessem opinião sobre o que ela fazia. Na realidade, eles tinham um monte de opiniões, além de várias ideias para melhorar o site – muitas das quais ela tinha acabado de informar já terem sido implementadas. O problema era que nenhuma daquelas ideias cabia no orçamento que tinha sido dado a ela, e, como eles não sabiam o que era necessário para implementar novos conceitos, diziam a ela que trabalhasse dentro do orçamento existente.

Até que Ellen finalmente se deu conta de que ninguém estava muito preocupado com os detalhes; as pessoas estavam preocupadas com os resultados. Então ela começou a organizar suas ideias do fim para o começo. "Sabe o que podemos fazer para aumentar a receita em 10%? Posso fazer isso com o site." Essa tática com certeza atraiu a atenção das pessoas. Depois acrescentava algo como: "Para isso acontecer, vamos precisar apenas de mais X dólares; de onde conseguimos tirar isso?".

A pessoa do contra

Durante algum tempo, trabalhei com um chefe que dizia "não" a toda ideia que qualquer pessoa tivesse. Quando comecei nesse trabalho, passei a maior parte do primeiro mês criando um procedimento para rastrear a produção do nosso departamento, um projeto que me obrigava a sentar com todo mundo e detectar os gargalos que nos impediam de trabalhar em conjunto com mais eficiência. Todos me alertavam que, o que quer que eu sugerisse, seria derrubado no fim, mas não dei ouvidos. Afinal, aquele projeto era um dos motivos pelos quais eu havia sido contratada. Então organizei uma apresentação pequena, mas muito boa, com gráficos e todos os dados possíveis; marquei uma reunião com meu chefe e mostrei a ele meu plano.

– Ah, não, isso nunca vai funcionar – disse ele. – Você não vai conseguir fazer as pessoas aceitarem isso.

– Bom, todos com quem conversei pareceram concordar – comentei.

– Acho que não – respondeu ele, encerrando bruscamente a reunião.

Eu me senti... ah, "contrariada" não seria nem de perto a palavra certa para descrever. "Paralisada" vem à mente, assim como "minada", "desaprovada" e "sumariamente descartada". Afinal, eu havia passado um bom tempo desenvolvendo aquele plano. Vê-lo descartado assim, de cara, era enlouquecedor. É claro que contei a meus colegas de trabalho o que tinha acontecido, porque precisava desabafar.

– Eu avisei, mas o que você vai fazer? – disse um deles, dando de ombros.

– Vou pensar no caso – respondi.

Então eu comecei a implementar as mudanças dentro do meu próprio grupo. Cortei alguns processos que identifiquei como supérfluos e instituí algumas maneiras novas de fazer as coisas. Algumas semanas depois, meu grupo estava batendo os prazos com folga. Nenhum dos outros grupos do departamento mudou em nada, então todos os gargalos estavam no campo deles, por assim dizer.

Um mês depois, o chefe chamou todos os gerentes para uma reunião emergencial (esse sujeito amava reuniões!) e apareceu armado com uma enorme tabela antiga que tinha pedido para sua assistente fazer.

– Vejam isto! O grupo editorial está bem à frente de todos vocês. Precisamos nos tornar mais eficientes!

Então ele começou a explicar o mesmo plano que descartou quando apresentei a ele. Quando pontuei aquilo depois da reunião, ele me olhou como se eu tivesse duas cabeças.

– Não, não é. É completamente diferente. Seu plano todo começava daqui – disse ele apontando para uma ação marcada em seu cronograma, e depois correu o dedo pela tabela. – O meu começa aqui.

– Sim, eu vi que você acrescentou uma reunião de planejamento que eu não tinha sugerido, mas todo o resto é o meu plano – insisti.

– Não, não é. Eu passei um tempo enorme desenvolvendo tudo isso a partir do zero. Agora preciso mostrar isso para meu chefe – ele continuou, exibindo "seu" plano enquanto caminhava pelo corredor. A pior parte era que ele havia se convencido de que era verdade.

Foi quando percebi que a única maneira de contornar o "não" automático era fazê-lo pensar que qualquer nova ideia fosse dele – e eu também tinha de achar uma maneira de fazer as outras pessoas na empresa saberem que não era bem daquele jeito. Perigoso, não é? Com certeza. Então reuni minha equipe para uma festa de queijo e vinho e para pedir conselhos.

– Tudo isso é muito injusto! – me queixei.

– Sim, é verdade, querida –concordaram todos. – Passe o queijo, por favor. E é melhor abrirmos outra garrafa de vinho enquanto pensamos no que fazer.

Eu já tinha me esquecido um pouco do que havia ocorrido na reunião (por motivos óbvios), mas a solução que encontramos foi simplesmente brilhante. Toda vez que eu quisesse que ele concordasse com algo novo, apenas plantaria a semente com um simples "você não acha que a gente poderia?..." Quando ele respondesse com seu inevitável "não", eu apenas concordaria. A chave para garantir que eu levaria o crédito pela ideia era o seguinte: pouco antes da reunião, eu mandava a ele um e-mail com a sugestão e copiava alguém a quem a ideia podia interessar. Uma vez que meu chefe era conhecido por raramente ler os e-mails dos subordinados, esse plano beirou a genialidade.

Tive uma oportunidade para testar o plano já no dia seguinte, quando os gerentes (inclusive eu) se reuniram para tratar de um período de correria que estava por vir. Tive uma ideia – e era para isso que me pagavam! – e meu chefe detalhou todos os motivos pelos quais não daria certo. Mas eu tinha enviado a sugestão por e-mail para uma lista bastante longa de pessoas. A compensação veio durante uma reunião de estratégia da empresa uma semana depois. Em algum momento, meu chefe começou a agir como sempre fazia: "Andei pensando nisso e tive uma ideia. E se a gente?..."

Os participantes da conferência olharam para ele, depois para mim, depois para ele de novo, e assim foi até todos os olhos se voltarem para Jake, o presidente da empresa, que disse: "Nossa, Henry, essa é realmente uma ótima ideia. Já tinha achado a ideia boa quando a Elizabeth sugeriu isso por e-mail na semana passada".

Sua mulher poderosa interior quer que você se lembre de que suas horas mais valiosas não são necessariamente aquelas que você passa trabalhando.

Capítulo 8

~ Férias por bom comportamento ~

Sua mulher poderosa interior sabe que você tem de trabalhar, mas ela também está ciente de que você tem uma vida. Se não tiver uma vida fora do trabalho, bem, ela quer que você desenvolva uma.

Tratando de negócios, segundo o Estilo da Mulher Poderosa Interior:
O poder de tirar suas férias está com você. Sua mulher poderosa interior quer que você use esse poder em vez de ficar adiando por mais um ano os dias de descanso que fez por merecer.

Férias por bom comportamento

Sua mulher poderosa interior sabe que as férias são essenciais por uma série de motivos:

1. Você deixa de trabalhar por um tempo.
2. Você se trata bem de uma maneira que não costuma agir na vida cotidiana: dorme tarde, recebe massagens diárias ou passa os dias lendo (ou escrevendo) um livro. Ah, ou ainda experimenta coisas como voar de parapente.
3. Ao passar um tempo longe das pressões do trabalho, você consegue criar memórias.
4. Viajar pode expandir sua mente e dar novas ideias sobre como quer realmente levar a vida.

Minha amiga Nancy, por exemplo, saiu de férias e voltou para casa com a vida toda renovada. De verdade. Depois de anos sem tirar uma folga no trabalho, ela decidiu viajar com as amigas para os Alpes franceses para esquiar. (Ela realmente economizou para algo especial!) Na viagem, ela aprendeu a esquiar (nos Alpes franceses), colocou sapatos para a neve pela primeira vez e conheceu o homem com quem viria a se casar.

A ironia é que por pouco ela não cancelou a viagem em razão de um potencial problema no trabalho. Uma semana antes das férias, um projeto de última hora foi despejado sobre a equipe dela. Ainda que tivesse desenvolvido um plano para lidar com o trabalho extra, Nancy tinha certeza de que o projeto seria um desastre se ela não estivesse lá para garantir que tudo corresse bem.

– Não posso ir – ela me disse.

– Vamos pensar nesse caso – sugeri, e então comecei a relacionar as preocupações dela. – Você tem um planejamento, certo? Sua equipe é composta por profissionais especializados naquilo em que trabalham, certo? E não existe nada específico que você tenha de fazer para garantir que esse projeto vá dar certo; a única coisa que você quer é supervisionar o andamento do trabalho?

– Certo, correto e sim – respondeu Nancy.

– Então você vai viajar! – eu disse a ela.

– Mas, mas, mas...

Nancy protestou citando inúmeras razões relacionadas com o trabalho que a impediriam de sair de férias. Quanto mais ela falava, mais claro ficava que ela tinha se envolvido tanto com o trabalho que não conseguia se imaginar fora dele. Aquilo ficou tão claro, aliás, que a própria Nancy percebeu que ela *realmente* precisava de férias. Além disso, ela notou que tinha caído em uma das armadilhas do Sucesso Tóxico: conseguiu muito êxito profissional, mas sua vida pessoal estava uma bagunça.

– Preciso ter uma vida – concluiu ela, e foi para casa fazer as malas.

É claro que nem todas nós podemos sair por aí pegando o primeiro avião para a Europa (às vezes, não dá nem para pegar o carro no fim de semana e visitar uma prima na cidade vizinha), mas sua mulher poderosa interior quer que você tire o melhor proveito de suas férias. Com toda a sinceridade, uma das melhores férias que já tive foram passadas organizando tudo o que era gaveta, guarda-roupa e prateleira de livros que havia em casa. Depois de passar o dia peneirando minhas coisas e decidindo o que eu queria manter e do que eu queria me livrar, eu com certeza não estava nem um pouco a fim de fazer o jantar nem de ver TV, então saía para jantar com minhas amigas todas as noites. Quando voltei a trabalhar, minha casa estava em ordem e eu havia passado momentos maravilhosos com as pessoas com quem eu mais me importava. Não foram as férias mais glamorosas que já tive – ninguém ia querer ver fotos das minhas prateleiras com os livros organizados em ordem alfabética –, mas aquilo me energizou de uma maneira que eu jamais tinha imaginado e me deixou pronta para viver a vida.

Vivendo a vida

A verdade nua e crua é que a maioria de nós tem apenas cinco horas por dia para se dedicar à vida "real". Cinco horas! Parece certo? Vamos pensar nisso dividindo um dia comum no que podemos chamar de *itens de ação*:

- *Ação preparatória*. Acorde. Faça seus rituais matinais: tome café (ou seja lá o que você prefira pela manhã), tome banho, troque de roupa, pegue seu lanche embrulhado em papel-alumínio e saia. Isso pode levar o tempo que for, de dez minutos a duas horas, dependendo de suas circunstâncias individuais. Muita gente, por exemplo, afirma que prepara comida de verdade no café da manhã e que se senta para comer enquanto lê o jornal. Outras pessoas fazem exercícios pela manhã (abençoados sejam seus corações). Outras têm filhos, o que acrescenta obstáculos de tempo a todo o show preparatório.

- *Ação de deslocamento*. Pode demorar qualquer período de tempo entre cinco minutos (é sério, tive uma amiga que durante algum tempo morou no lado oposto do escritório onde trabalhava) a algumas horas. Uma amiga minha gasta *três horas para ir* e mais *três para voltar* do trabalho todos os dias, mas negociou um horário que permite que trabalhe em casa dois dias por semana na maioria das vezes.
- *Ação de trabalho*. A maioria dos empregos exige que você trabalhe pelo menos oito horas por dia, apesar de esse horário ser interrompido pelo acontecimento mágico a que chamamos de almoço.
- *Ação de horário de almoço*. Isso mesmo, um intervalo de 60 minutos durante o qual é possível almoçar com uma amiga, fazer compras, meditar, fazer ginástica... A não ser que você trabalhe em um daqueles lugares que só oferecem meia hora de almoço (e sua mulher poderosa interior tem algumas opiniões sobre isso).
- *Ação de dormir*. O tempo mínimo recomendado de sono por dia é oito horas, mas todo mundo pode querer ver seu programa favorito na televisão ou ter algum tempo de qualidade (como, é claro, me refiro a fazer sexo, ler ou qualquer outra coisa que lhe dê prazer).

Falta alguma coisa? É claro que sim. As ações da vida real, o que inclui (mas não é limitado a) lavar roupa, comprar mantimentos, preparar comida, ajudar as crianças com o dever de casa, ver TV, providenciar alguma manutenção básica da casa, conversar com as amigas e relacionar-se com o namorado/parceiro/marido, os filhos, os animais de estimação – ou seja, *tudo aquilo que não é trabalho.*

Então, como é possível acomodar uma vida inteira em míseras cinco horas diárias? Vamos pensar no caso.

Multifunções

Sua mulher poderosa interior sabe que as mulheres são especialistas na arte das múltiplas funções e tarefas. Se você por um minuto duvidar disso, ligue para uma amiga em uma noite normal e pergunte o que ela está fazendo. Provavelmente ela dirá:

– Ah, não estou fazendo nada! Estou só acabando de limpar a cozinha, já dei banho nas crianças... Espere na linha, eu estava só colocando os pratos na máquina de lavar louça... Não, melhor, você põe os ovos depois da mistura de bolo, aqui, vou abrir o forno... O quê? Não, eu não estava falando com você, querido; estou no telefone com a Loretta. Desculpe, Loretta. Como está indo aquele negócio no trabalho? Eu estava pensando nisso outro dia e o que eu faria seria o seguinte..."

"Nada", nesse caso, é igual a seis coisas. Tudo ao mesmo tempo. Parece loucura quando colocamos tudo junto, mas vamos pensar nisso: o que você consegue fazer durante uma meia hora normal à noite? Se alguém fizesse um filme baseado no seu dia normal, provavelmente haveria incontáveis exemplos de você agindo como uma multifuncional sem nem se dar conta. A verdade é que as coisas precisam ser feitas, e normalmente somos nós que fazemos. Quando não é assim, somos responsáveis por fazer as coisas acontecerem.

Isso é ruim? Eu acho que não, mas desde que façamos nosso talento inato para a multifuncionalidade realmente trabalhar em nosso favor. Obviamente, sua mulher poderosa interior quer que você providencie isso, pois, se sua multifuncionalidade está ajudando apenas as outras pessoas que vivem com você, estamos diante de um sinal característico de Bondade Tóxica nos mostrando sua cara feia.

Como a mulher poderosa interior age dentro da multifuncionalidade? Com grande desenvoltura, claro. Eis alguns exemplos relatados por mulheres de verdade em contato com suas mulheres poderosas interiores:

- Durante o trajeto até o trabalho, minha amiga Linda lê um livro (ela usa transporte público; se você dirige, ouça audiolivros) ou conversa por telefone com alguma amiga que também está em trânsito. Não é hora de fazer telefonemas relacionados a trabalho, a não ser que seja um momento de crise na empresa (ou quando se está no meio do maior congestionamento da história e é preciso avisar que vai chegar atrasada ao escritório).
- Uma vez por semana minha amiga Jeannine faz o que chama de "megacompra". Ela vai ao hipermercado perto do escritório e compra a maior parte dos mantimentos de que vai precisar. Carne, legumes, comida congelada. Ela coloca tudo dentro de um enorme cooler portátil cheio de gelo. Por cima ela deixa as coisas que não precisam ficar no gelo. Isso naturalmente exige um pouco de planejamento, e não funciona nos meses mais quentes do ano, mas poupa a Jeannine de perder parte de

muitos fins de semana indo ao mercado. Minhas amigas Sue e Ann promovem uma pequena variação disso: elas jantam juntas e depois fazem as compras de mercado toda sexta-feira à noite. Isso dá a elas a oportunidade de socializar e fazer algo que precisa ser feito, sem marido nem filhos por perto (afinal, quem quer ir junto fazer compras de mercado?).

- A maior parte das atividades noturnas já foi resolvida: o jantar foi feito, as crianças estão na cama, o cachorro já foi levado para passear. Enquanto assiste a seu programa favorito na televisão, minha amiga Claudia dobra roupas, faz bicicleta ergométrica (ou esteira, ou então alguns abdominais) por meia hora, depois faz as unhas. O conhecido benefício de fazer as unhas é que isso nos força a não fazer nada enquanto o esmalte seca, e daí temos a oportunidade de relaxar de verdade. Isso nos leva a um ponto interessante a se pensar, ou seja: "Lembre-se: você é um ser humano, e não um esforço humano". Sua mulher poderosa interior quer que você pare com essa insanidade de tentar fazer tudo em apenas um dia.

E no fim das contas...

Sua mulher poderosa interior sabe que, no fim, o que importa é quanto as pessoas com quem trabalha gostam de você; não importa quão alto você chegue nos degraus da escada corporativa; também não importa quanto dinheiro você ganhe (independentemente de todas essas coisas terem seu valor). Para garantir que você tenha uma vida digna de ser vivida, sua mulher poderosa interior quer lembrá-la de que há muito de verdade naquele velho ditado: "No leito de morte, ninguém diz: 'nossa, como eu queria ter passado mais tempo trabalhando'". A verdadeira razão é que é fundamental você saber criar um equilíbrio na vida profissional que a poupe do Sucesso Tóxico.

Pense nisso.

"O dinheiro é um meio de troca, e é como você faz as coisas acontecerem. Dizer que você odeia dinheiro não passa de uma bobagem idealista e rebuscada."

~ Bobby Seale ~

Capítulo 9

~ Mulher poderosa combina com dinheiro ~

Todos os estudos e pesquisas mostram que, ao contrário dos homens, as mulheres não pedem o mesmo salário que eles, não pedem aumentos merecidos e dificilmente negociam por mais do que é oferecido a elas. O resultado disso é que, ao longo da carreira, a mulher em média deixa mais de meio milhão de dólares em cima da mesa (e prontos para ir para o bolso de outra pessoa).

Meio milhão de dólares. São 500 mil dólares.

Querida, é muito dinheiro. Se sua carreira se estender por 20 anos, você estará abrindo mão de 25 mil dólares por ano.

Então, o que nos impede de ir atrás de cada valioso centavo que merecemos? De novo, a Bondade Tóxica é provavelmente a culpada. Mas é claro que há outras questões envolvidas.

Por exemplo: apesar de a lei norte-americana de igualdade salarial ter sido aprovada em 1963, em 2004 uma mulher que trabalhasse em período integral ainda recebia 76 centavos para cada dólar pago a um homem nas mesmas condições. Quando a lei foi aprovada, as mulheres recebiam 59 centavos para cada dólar pago a um homem. Em outras palavras, o desequilíbrio salarial diminuiu menos de meio centavo por ano desde a promulgação da lei.

Parte desse problema, porém, ocorre porque algumas de nós que sofrem de Bondade Tóxica aceitam trabalhar por menos porque boas meninas não pedem o que precisam. Eu já disse isso antes e vou repetir: trabalho é o que fazemos por dinheiro. Dinheiro em nossa sociedade equivale a poder. Quando sofremos de Bondade Tóxica, temos medo do poder. Achamos que é feio. Podemos perceber essa crença em frases como "o dinheiro não é tão importante para mim", mas isso não passa de medo do poder.

Isso é tolice. O poder é importante? Claro que é. O dinheiro é importante? Bom, com certeza é, e não apenas por significar aquisição de poder ou por significar que conseguiremos ou não pagar nossas contas. Não, o dinheiro é também importante porque, como disse certa vez a grande filósofa Coco Chanel: "O dinheiro para mim significa apenas uma coisa: liberdade".

Pense nisso. Se você ganhasse aqueles 25 mil dólares a mais em um ano, acabaria colocando pelo menos uma parte disso no que eu chamo de um "fundo de liberdade". Esse fundo proporcionaria a você alguma segurança financeira caso quisesse fazer algo realmente extravagante, como abrir o próprio negócio ou comprar aquela casa na praia com a qual você sempre sonhou. Ao não fazer tudo o que podemos para ganhar o dinheiro que merecemos, nós mesmas nos desviamos do caminho de nossos sonhos. E tudo porque a Bondade Tóxica nos faz achar que pensar em dinheiro (e poder) é feio.

Em outras palavras, a Bondade Tóxica é nociva ao nosso bem-estar e é nociva ao que é importante para você.

Vamos pensar no que é importante para você

Não estou falando se você fica ou não fica bem de calça jeans; estou falando em quantas calças jeans você pode comprar. A não ser que você viva de renda ou tenha ganhado na loteria, seu salário vai determinar seu poder de compra.

Obviamente, sua mulher poderosa interior quer que você dê a seu salário alguma consideração especial. Se tiver escolhido um percurso específico para sua carreira (ou mesmo que não tenha), você sabe que tipo de emprego procura e se prepara para ele. Você estuda as coisas certas, elabora um currículo para mostrar que possui as habilidades e os conhecimentos necessários etc. Em outras palavras, você faz o trabalho duro antes de conseguir o emprego para que *possa* consegui-lo.

Esse mesmo conceito se aplica a seu salário. Sua mulher poderosa interior sabe que o melhor momento para pensar nos seus objetivos é antes de arrumar um emprego.

Informação é poder, então pesquise. Qual é a faixa de salário para esse tipo de trabalho? Quais são os benefícios que as empresas do setor costumam oferecer? A maioria das empresas desse setor costuma pagar adicional, como opções de ações e bônus (acredite, isso é importante!)? Pesquise na internet, em sites que fornecem esse tipo de informação. Você talvez até resolva investir em um relatório pessoal que leve em consideração itens como localização geográfica, nível de formação, experiência e tudo o mais. Converse com recrutadores e pessoas que trabalham em empresas do setor. Você talvez acabe entrando em contato com pessoas que têm um trabalho parecido com o que você quer; pergunte se elas se importariam em dizer aproximadamente quanto ganham por mês.

Saiba a hora certa de falar em dinheiro. Em uma entrevista de emprego, nunca seja a primeira a falar em salário. Sua função na entrevista é parecer irresistível. Dessa forma, o possível empregador vai querer mover mundos e fundos para contratá-la. Certamente vão perguntar sobre faixa salarial (eles sempre perguntam), então esteja pronta para levar a conversa em seu favor. Deixe claro para o entrevistador que o salário é importante e que você quer estabelecer as bases determinando quanto seria adequado a partir de todas as informações possíveis em relação às expectativas sobre o trabalho da pessoa que acabar ficando com a vaga. Se houver pressão por uma resposta, diga uma faixa que seja um padrão dentro do seu setor, e não números específicos.

Quando uma vaga é aberta, um salário normalmente é mencionado. Nunca diga sim logo de cara (mesmo que o dinheiro seja realmente bom). É a sua oportunidade de pleitear um acordo condizente com o que você quer, então esse é o momento de pedir um salário mais alto ou benefícios extraordinários, como poder trabalhar de casa uma vez por semana, poder tirar férias mais longas, ter uma designação melhor para o seu cargo, reembolso para gastos com estudos e cursos (caso isso não esteja no pacote de benefícios da empresa), ou um período mais curto de carência para que você possa se inscrever no plano de previdência da empresa.

Sua mulher poderosa interior quer que você lembre que o pior que pode acontecer é receber um "não" como resposta, mas, se o que você estiver pedindo for razoável, há chances de a resposta ser positiva. Se eles não disserem "sim" e anularem a oferta, então se lembre de que, se eles não acharam, durante o processo de seleção, que você valia o investimento, é pouco provável que essa situação mude no longo prazo.

Aumente a aposta

E se você já estiver em um emprego e tiver certeza de que merece um aumento de salário? Bom, sua mulher poderosa interior sabe que a melhor hora de pedir um aumento é logo depois de um grande êxito no trabalho.

"Ah, isso não é necessário! Tenho certeza de que minha chefe vai se lembrar disso quando for a hora da minha avaliação de desempenho", você diz.

Bem, quem escreveu essa regra? E pense no seguinte: na época da avaliação de desempenho certamente haverá um orçamento em vigor; e a existência de um orçamento inclui salários, aumentos e coisas desse tipo. Em outras palavras, quando chegar a hora, será tarde demais para negociar o aumento nos seus próprios termos. Não é melhor que seu chefe leve em consideração no próximo orçamento seu salário novo (e mais alto)? Acho melhor assim.

Então, como é que você faz para conseguir aquele salário mais alto da sua vida? Sua mulher poderosa interior quer que você leve em consideração, para conseguir um aumento, os mesmos cuidados que teria para negociar um salário ideal em uma entrevista e siga os mesmos passos.

Quando você se candidata a uma vaga de emprego, você e o empregador que tenta preencher a vaga sabem que haverá uma conversa sobre dinheiro. Ninguém gosta de ser vítima de uma emboscada (isso deixa as pessoas na defensiva e inclinadas a dizerem coisas como "não, não e não"), então é uma boa ideia dar a seu chefe pistas de que você quer discutir um aumento. "Mas você acabou de falar que o melhor momento para pedir aumento é quando temos um grande êxito!". Sim, eu disse isso mesmo. Essas duas coisas não são mutuamente excludentes. Seu chefe sabe que você mandou bem, e você sabe que mandou bem, então aproveite que a flor ainda está desabrochando e diga algo como: "Estou realmente feliz por ter conseguido trazer aquela conta enorme para nossa empresa. Como eu trouxe uma quantia X para cá, acho que é uma boa hora de discutir minha compensação. Será que podemos conversar?".

Arme-se com fatos e leve documentação. Mantenha registro de seus êxitos. E não tenha medo de mostrá-los durante a negociação salarial. Só para constar: chegar no horário todo dia não é façanha nenhuma. É obrigação. E ninguém merece aumento só porque o aluguel aumentou ou comprou um carro novo. Se seus motivos para pedir um aumento não estão relacionados a trabalho, você nem deve se dar ao trabalho de pedir.

A prática leva à perfeição. Portanto, é uma boa ideia pedir para alguém de fora de sua equipe fazer o papel de chefe. Isso é especialmente importante para aquelas de nós que ainda mantêm certos resquícios de Bondade Tóxica na psique (isto é, todas nós). Garanta que quem for fazer o papel de chefe arremesse algumas jogadas de efeito, para você ir preparada para tudo.

Tenha em mente que "não" provavelmente não é a resposta definitiva. Mesmo que seu chefe não libere o dinheiro, peça outra coisa então. O que mais poderia ser? Vamos pensar no caso.

Vantagens ocultas

O dinheiro, obviamente, não é a única recompensa disponível para nós. Se você estiver negociando o pacote de benefícios de um novo emprego ou um aumento, leve em consideração alguns outros componentes que agregam valor a seu objetivo. Por exemplo:

- O tempo é uma *commodity* valiosa. Avalie a possibilidade de pedir férias mais longas ou uma jornada de trabalho mais flexível.
- Se houver a possibilidade, opte por ações da empresa.
- Toma lá, dá cá: se você viaja a trabalho, quem fica com as milhas do programa de fidelidade? Que tal fazer que

a empresa pague algum treinamento ou banque a filiação a alguma entidade do setor?

Não importa o que você esteja negociando, lembre-se de que sua mulher poderosa interior sabe que você é digna do que pede.

Lembre-se de que há muita verdade no ditado "são apenas negócios, não leve para o lado pessoal". Portanto, na próxima vez que alguém criticar você por exigir o melhor de si mesma, das pessoas que trabalham com você e de seus subordinados, dê um tapinha nas suas próprias costas. É o que um homem faria.

Capítulo 10

~ Se você é a chefe, você é a megera... ou não ~

Não se trata de um concurso de popularidade

Um dos conceitos apresentados em meu primeiro livro é o seguinte:

> Se pedimos a nossos subordinados que trabalhem direito, e isso significa que eles têm de trabalhar mais do que já fizeram antes, eles provavelmente vão nos xingar.
>
> Se nossos subordinados não trabalharem direito e formos cobrá-los, eles vão nos xingar.
>
> Se cobrarmos essas pessoas e, ainda assim, elas continuarem a não fazer o trabalho direito, seremos sem dúvida mais duras na segunda vez que falarmos com elas. E elas definitivamente vão nos xingar.
>
> A verdade é a seguinte: não importa quão gentis sejamos ao pedir, se formos a chefe, seremos xingadas.

E qual é a parte importante desses clichês? Nós somos a chefe.

Ser chefe nem sempre é fácil. Ser chefe nem sempre é divertido. Mas, na maior parte do tempo, ser chefe é melhor do que *não* ser chefe. Veja, por exemplo, um segredinho que a maioria dos chefes vai negar com todas as forças: quando se é chefe, você pega menos no pesado do que quando está na linha de frente. Isso não significa que chefes não trabalhem bastante; muitos deles trabalham duro mesmo. É que a função de chefe normalmente envolve menos a produção de dispositivos mecânicos, utensílios de cozinha – seja lá qual for o produto da empresa em que trabalhe –, e mais o *gerenciamento* da produção. Em outras palavras, o chefe precisa conduzir todos até um destino específico.

Vamos pensar nisso por um instante.

Basicamente, ser a chefe é como ser uma espécie de gata que lidera a gangue: é preciso pensar o cenário como um todo, certificando-se de que todos os envolvidos estão indo na direção certa (e, assim que o destino for alcançado, é preciso decidir o próximo destino).

Você quer que as pessoas que trabalham com você façam alguma coisa? Pense em como é difícil fazer a maioria do grupo concordar com o lugar onde vai almoçar, pois se trata de uma coisa que as pessoas *querem* fazer. Depois leve em consideração que ser chefe não é tão bacana assim. E lembre-se de que, como um chefe passa a maior parte do tempo dando ordens, é bom lembrar que, se você for a chefe, as pessoas vão se ressentir de você – mesmo que você não esteja fazendo nada além do seu trabalho. Em outras palavras, se você é a chefe, você é a megera, a bruxa.

Se você for a chefe (ou se estiver interessada em ser), sua mulher poderosa interior quer que você leve esses fatos em consideração. E ela quer lembrá-la que ser a chefe não é a mesma coisa que participar de uma campanha de popularidade, apesar de eu ter tido muitos chefes de quem gostei um pouco, e é provável que você também.

Sua mulher poderosa interior sabe que existem chefes ruins, chefes bons, chefes muito bons e chefes maravilhosos. Se você for a chefe, ela quer que você seja a melhor chefe possível. Então vamos pensar no que isso significa.

A chefe que ninguém quer ser

É fácil identificar um chefe ruim, certo? Chefes ruins são impossíveis de abordar e nunca estão disponíveis. Eles nunca dão apoio nenhum e chegam a denegrir a própria equipe. Eles não têm noção nenhuma da realidade; dão tratamento especial para certas pessoas em detrimento do resto da equipe; fazem exigências realmente absurdas (ao contrário das demandas razoáveis, mas, como é o chefe que está pedindo, a demanda parece realmente absurda); e por aí vai. Sua mulher poderosa interior sabe que nada disso tem muita utilidade e cria inevitavelmente um ciclo ruim, de moral baixo, pouca motivação, falta de produtividade (afinal, ninguém quer fazer um esforço a mais por um chefe que só enxerga defeitos no seu trabalho) e de ameaças sendo feitas.

No entanto, a parte complicada dos chefes ruins é a seguinte: o pior de todos os chefes pode ser uma das pessoas mais agradáveis de conviver. Você conhece o tipo. A pessoa é tão acostumada a se contorcer para agradar os outros que é capaz de fazer um mestre da ioga parecer inflexível, mas quem paga o preço por isso é outra pessoa (geralmente a equipe). Certa vez tive uma chefe chamada Lisa cuja imersão na Bondade Tóxica era tão completa que ela não conseguia dizer "não" a nenhum pedido, independentemente de quão ridículo este pudesse ser. Hoje devo admitir que eu mesma tirei vantagem disso, por exemplo, na vez que resolvi aproveitar uma oferta especial de um fim de semana nas Bahamas – saía na quinta-feira, voltava na segunda, parte aérea e hotel incluídos por um preço realmente razoável. O fato de eu ter tomado a decisão de viajar na quinta-feira foi bem inconveniente, mas, por saber que ela era meio banana, fui até a sala dela e perguntei se se importaria se eu faltasse nos dias da viagem.

– Sem problema – respondeu ela, apesar de a política da empresa exigir que o aviso fosse feito com mais antecedência. – Você tem trabalhado bastante, então essa folguinha provavelmente vai lhe fazer muito bem!

Naquele momento eu achei a Lisa a melhor chefe que já tive. Mas ela era mesmo? Vamos pensar no assunto. Ela perguntou se eu fiz algum plano para que minhas tarefas pudessem ser levadas adiante enquanto eu estivesse fora? Não. Ela levou em consideração se minha ausência afetaria o trabalho dos meus colegas? Acho que não. Eu era a única pessoa do departamento a ter recorrido (abertamente) a esse tipo de comportamento antiprofissional? Nem de longe. E como Lisa não conseguia dizer "não" a ninguém acima dela na cadeia de comando, nós recebíamos frequentemente projetos de última hora com prazos insanamente apertados. Tudo isso tinha criado problemas. Nosso departamento sempre enfrentava problemas com projetos em andamento porque, mesmo que estivéssemos no meio de algum "projeto especial", Lisa dava uma folga a alguém da equipe, ou então deixava alguém sair mais cedo todos os dias ou... bem, vamos dizer apenas que operávamos em um constante estado de anarquia e desorganização. O índice de rotatividade era absurdo – as pessoas saíam da empresa depois de apenas alguns meses –, e o pior era que Lisa não conseguia entender o motivo.

– Não consigo entender por que não conseguimos manter a equipe unida. Eu me empenho realmente para todos trabalharem felizes – ela me disse um dia.

– Talvez seja esse o problema – observei, mas Lisa descartou a ideia como se espantasse um inseto.

A situação chegou ao extremo quando o novo vice-presidente executivo de marketing decidiu que a empresa precisava de uma nova imagem. Ele convocou uma reunião com os gerentes de criação dos departamentos para discutir a possibilidade de desenvolvimento de uma nova iniciativa para a marca – um novo logotipo, novas imagens e o que mais estivesse envolvido no processo – em um prazo de três meses. A maior parte de nós sacudiu a cabeça negativamente, mas, antes que qualquer outra pessoa pudesse dizer alguma coisa, Lisa soltou:

– Sem problemas! Podemos fazer isso.

– Ótimo! – disse o vice-presidente. – Quero ver os primeiros esboços já na próxima semana.

– Você está brincando? – um dos colegas do departamento perguntou a ela assim que deixamos a sala de reuniões. – Como é que espera que a gente faça isso e ainda realize os trabalhos de rotina?

– Preciso apenas ver como é que vamos fazer isso funcionar – respondeu ela, entrando em sua sala e fechando a porta. Ela saiu de lá algumas horas depois com um plano segundo o qual todos trabalhariam aos fins de semana e fariam quatro horas extras por dia durante o projeto. "Consegui que o administrativo deixasse a gente pedir almoço e jantar todos os dias", anunciou ela com orgulho. Os olhos de todos reviraram de desgosto.

O projeto foi realizado, mas quatro membros do nosso departamento pediram demissão.

– Simplesmente não posso continuar trabalhando dessa maneira – disse uma dessas pessoas ao anunciar sua saída. – Quer dizer, é ótimo ela ser legal, mas sua falta de firmeza está acabando comigo.

Felizmente, àquela altura do campeonato, a própria Lisa havia admitido que a Bondade Tóxica a estava transformando em uma chefe ruim. Ela então decidiu se dedicar a tornar-se uma boa chefe (ou pelo menos uma chefe melhor).

É melhor comandar por meio da inteligência

O primeiro passo de Lisa em seu caminho para se tornar uma chefe melhor foi procurar um mentor. Todo mundo ficou um pouco surpreso quando ela escolheu um homem do seu mesmo nível hierárquico na empresa, um sujeito (Jim) conhecido por ser exigente demais. Jim também tinha a fama de ser justo e de obter grandes resultados em seu departamento. Dificilmente alguém saía de sua equipe e, quando isso acontecia, normalmente se tratava de uma proposta irrecusável.

– Percebi que preciso de um mestre – explicou Lisa a ele. – Você vai me ajudar?

– Por quê? – perguntou Jim, e essa era a sua resposta habitual para praticamente qualquer pergunta. Mas, felizmente, Lisa já tinha uma resposta pronta.

– Porque os membros da minha equipe não estão felizes e preciso reverter isso, ou vou acabar perdendo o emprego – respondeu ela.

– Tudo bem. Comece então trocando a palavra "feliz" por alguma outra que pertença ao mundo dos negócios – orientou ele. – Seu foco não deve ser fazer sua equipe feliz, pois ser chefe não é um concurso de popularidade. Seu foco deve ser determinar do que elas precisam para serem eficazes. E você claramente não está fazendo isso.

Ai, essa doeu!

Felizmente, Lisa sabia que Jim estava certo. Então, uma vez por semana eles saíam para almoçar e discutir o que estava acontecendo na empresa e como essas coisas poderiam afetar seus departamentos. Como Jim explicou, pensar no cenário como um todo era o primeiro passo para uma boa administração. Então, ele sugeriu que Lisa deixasse de lado o que chamou de "sim automático". E disse a ela:

– Você precisa pensar de que maneira a solicitação de alguém vai afetar todo o resto. Se alguém quer uma folga, significa que outro alguém terá de fazer o trabalho dessa pessoa. Caso contrário, o trabalho simplesmente não será feito. Se o pessoal do andar de cima quer que você execute a mais nova grande ideia deles, você tem de pensar em tudo de que precisa para providenciar isso.

– Então devo dizer "não" para todo mundo? – perguntou ela.

– Não. Você precisa somente pensar antes de dizer "sim". Você é uma gerente, portanto está na interseção em que sua equipe e seus superiores se encontram. Você precisa controlar o tráfego que vem dos dois lados. Sua meta deve ser garantir que o tráfego flua tranquilamente, sem sobressaltos. Parar para pensar em alguma coisa é como ser o sinal amarelo do semáforo.

Naquela tarde, entrei na sala de Lisa para perguntar se eu poderia contratar quatro freelancers, já que o departamento estava com quatro pessoas a menos. Esperando o usual "claro, vá em frente", fiquei chocada quando ela cobriu a boca com a mão antes de dizer:

– Vamos pensar primeiro na melhor maneira de lidar com o fluxo de trabalho. Veja de quantos freelancers você precisa e por quanto tempo, e depois conversamos de novo, tudo bem?

Entendeu o que aconteceu aqui? Lisa não disse "não", mas também não disse "sim". Consegui os freelancers, mas apenas dois. Depois de termos analisado quais eram nossas reais necessidades, percebemos que parte do trabalho poderia ser repassada para outras pessoas do departamento.

– Mas vamos reavaliar a situação caso recebamos mais projetos – concluiu ela.

A medida seguinte adotada por Lisa foi pendurar um cronograma em nossa sala de reuniões para que visualizássemos nossos projetos e prazos e víssemos quem tinha folga programada. Sempre que alguém ia pedir uma folga, ela primeiro consultava o calendário antes de aprovar. Mas também usava o cronograma para controlar o chefe dela. Quando ele aparecia com mais uma nova grande ideia, ela o chamava para a sala de reuniões, apontava para o cronograma e dizia:

– Podemos fazer, mas veja que estamos operando com nossa capacidade máxima neste momento; então, ou você me ajuda a determinar o que vai ficar em segundo plano ou autoriza a contratação de freelancers.

Nós não comemoramos, pois não teria sido nada profissional.

Visando à grandeza

Grandes chefes são fontes de inspiração. Eles podem ser exigentes e, com certeza, desafiadores. Podem até ser pouco razoáveis de vez em quando (ou parecerem ser), mas também conseguem extrair o melhor de nós e encontrar soluções criativas para os problemas que enfrentamos, além de proporcionarem o tipo de apoio de que precisamos para desenvolver essas soluções. E eles reconhecem nosso trabalho árduo.

Nem é preciso dizer que grandes chefes – sejam eles homens ou mulheres – estão em contato com a mulher poderosa interior dentro de cada um deles.

De acordo com o Centro de Pesquisas de Negócio das Mulheres, as donas de negócios avaliados em mais de 1 milhão de dólares têm mais chance de terem fundado a própria empresa do que de a terem comprado, herdado ou adquirido por algum outro meio. Isso é o que sua mulher poderosa interior chama de mulheres chegando ao sucesso por seus próprios méritos!

Capítulo 11

~ Carreira solo ~

Sua mulher poderosa interior sabe que, para muitas de nós, a verdadeira definição de sucesso é ser dona do próprio negócio. É preciso admirar a mulher poderosa empreendedora, pois ela tem uma visão; ela tem a coragem de assumir o desafio de construir algo do nada (ou de muito pouco); e tem a liberdade de finalmente fazer as coisas a seu próprio modo. E, muito provavelmente, ela também está exausta.

No entanto, se ser a dona do seu próprio nariz é realmente sua meta, sua mulher poderosa interior quer saber o que a impede? "Bem, ter o próprio negócio não é um tanto *arriscado*?"

Claro que é, mas, nas palavras imortais de Rony Cammerari: "Por que você quer subestimar sua vida? Evitar riscos é a coisa mais perigosa que uma mulher como você poderia fazer".

Sua mulher poderosa interior quer que você segure com as duas mãos tudo o que a vida tiver a oferecer – e isso inclui os riscos. Então vamos observar como algumas mulheres poderosas empreendedoras assumiram o controle de sua vida profissional.

Decolagens acidentais

Às vezes, o voo solo começa quase por acidente. Você está lá se arrastando em um emprego que não odeia quando, de repente, uma oportunidade cai do céu. A escolha de segurar firme e seguir em frente cabe a você, assim como é sua a responsabilidade de reconhecer que se trata realmente de uma oportunidade, e não de uma ideia maluca.

Minhas amigas Tina e Louise, por exemplo, passaram anos trabalhando em uma conhecida loja de produtos para casa. Havia coisas que elas amavam no que faziam: estar cercadas de itens de design sofisticado, montar vitrines, conhecer os clientes, ter desconto por serem funcionárias. Mas o trabalho no varejo tem suas desvantagens: as jornadas podem ser longas; o salário, bem, digamos que o desconto para funcionários acaba não compensando; e quando a loja não está cheia pode ser muito chato. Em um desses momentos enfadonhos, Tina mostrou à Louise alguns jogos americanos que havia comprado quando foi visitar sua melhor amiga no interior.

– Não são lindos? Encontrei em uma feirinha. São feitos por umas mulheres que estão arrecadando dinheiro para ajudar uma garota a ir para a faculdade.

– Nossa, acho que vão ficar perfeitos com aqueles pratos de que você tinha falado. Vamos tentar – Louise pegou dois jogos americanos e montou um pequeno mostruário junto com os pratos que Tina estava pensando em comprar. Enquanto elas brincavam com a disposição dos itens em uma mesa, uma cliente entrou, olhou e perguntou se havia jogos americanos como aqueles em estoque. Quando soube que os jogos americanos eram de Tina, a cliente ofereceu três vezes mais do que o preço original pelos itens. Tina não queria se desfazer dos jogos americanos, mas se prontificou a verificar se havia mais disponíveis. Depois de alguns telefonemas, ela localizou uma das mulheres de quem tinha comprado os itens e perguntou se ela tinha mais seis para vender.

Louise, que estava em pé ali perto, disse:

– Pergunte se ela pode arrumar 24.

– Para quê? – perguntou Tina, encobrindo com a mão o bocal do telefone.

– Porque, se essa mulher gostou, outras pessoas vão gostar também – respondeu ela. – E nós podemos revender para muito mais gente aqui do que ela em uma barraca em uma feirinha qualquer. Pergunte se ela pode arrumar 24.

Para resumir bem a história, Tina e Louise acabaram não apenas vendendo os 24 jogos; elas receberam mais encomendas e pedidos para outras opções de decoração de mesa, como passadeiras e toalhas grandes. Então Tina teve a ideia de oferecer todas essas coisas em diversas cores e tecidos sob encomenda. Ela e Louise também pesquisaram como obter verba do governo para o investimento inicial (que era algo em torno de 500 dólares). Um ano depois, elas já tinham aberto a própria loja e mantinham um bem-sucedido site no qual vendiam os itens feitos à mão pelas artesãs originais; além disso, ampliaram as fornecedoras abrindo uma empresa que empregava mulheres que estavam reconstruindo a vida depois de terem ficado desabrigadas.

– De repente éramos empreendedoras capazes de oferecer uma oportunidade a outras mulheres – disse Louise, ainda impressionada com as mudanças ocorridas na vida delas. É claro que elas tiveram de abrir mão de certas coisas, como salário regular, plano de saúde pago pela empresa e a segurança proporcionada por uma empresa bem estabelecida. Mas as duas acordavam todos os dias empolgadas para ir trabalhar.

– E tudo porque tive um fim de semana de folga e achei esses jogos americanos bonitos – comentou Tina.

A verdade é que tudo aconteceu porque Louise e Tina identificaram uma oportunidade e foram atrás dela, reagindo a cada desafio e fazendo o negócio acontecer.

É claro que sua mulher poderosa interior sabe que ainda há algo a ser dito em relação a se preparar para a carreira solo com um pouco mais de planejamento.

"É um (plano de) negócio"

Uma mulher que conheço – vou chamá-la de Jean – sempre soube que queria ter o próprio negócio. Ela só não sabia o que seria. Até mesmo na faculdade, a ideia de ser uma empreendedora a rodeava. Então ela decidiu fazer um MBA e ver aonde aquilo a levaria. Depois da formatura, conseguiu um emprego na área de marketing. Por ser muito inteligente e sempre trabalhar bastante, ela ascendeu rapidamente na hierarquia da empresa e tornou-se diretora, mas não estava contente com a situação.

"O segredo do sucesso na vida é estar preparado para a oportunidade quando ela surgir."

~ Benjamin Disraeli ~

– Eu não conseguia encontrar sentido em ver alguém lucrar em cima do meu trabalho duro – explicou-me Jean. Então ela começou a planejar.

O primeiro passo foi estabelecer um orçamento para que ela conseguisse fazer um pé-de-meia. A segunda medida foi elaborar uma lista de negócios que gostaria de ter, o que incluía ideias óbvias, como uma agência de marketing, e coisas realmente excêntricas, como uma licença para ter uma barraca de algodão-doce dentro de um parque de diversões.

Certo dia ela estava sentada em um café tomando um café com leite e observando as pessoas quando veio a ideia: ela queria ter um café. Na verdade, ela queria ser a dona *daquele* café, que ficava na mesma rua de sua casa. Havia alguns empecilhos àquela ideia: o primeiro era que outra pessoa já era proprietária; o segundo era que ela não entendia nada do negócio. Então Jean pediu ao dono um emprego ali aos fins de semana e aprendeu coisas básicas – por exemplo: como tirar um expresso, entre outros detalhes.

Em um ano ela já tinha adquirido alguns conhecimentos básicos, e todo o dinheiro que ganhou com gorjetas e salário foi para seu pé-de-meia. Foi nesse momento que ela entrou em ação, pediu demissão do emprego e tornou-se gerente do café, o que a ajudou a aprofundar seu conhecimento, pois passou a ser encarregada de encomendas, agendamentos e outras coisas. Durante todo o tempo, Jean ficou atenta a uma eventual oportunidade de fazer uma oferta pelo local. A oportunidade apareceu quando o dono do imóvel decidiu aumentar o valor cobrado pelo aluguel.

– Não tenho como pagar isso – disse o dono do café. – Vou ter de fechar as portas.

Mas Jean estava atenta ao fato de que os valores cobrados pelos aluguéis de espaços comerciais no bairro estavam aumentando e sabia que a localização daquele café era a ideal. Ela tinha desenvolvido um modelo de negócio que já levava em consideração o preço mais elevado do aluguel. Então, depois que o chefe fechou as portas, ela alugou o espaço, fez algumas reformas e o reabriu.

Foi nesse ponto que a ambição de Jean de ter seu próprio café a colocou em uma posição embaraçosa. Para algumas pessoas, ela tinha se aproveitado do chefe para adquirir conhecimento sobre o negócio e, como os clientes adoravam aquele café e amavam o dono original, decidiram boicotá-la. Mas Jean estava em contato com sua mulher poderosa interior e sabia como é verdadeiro o ditado que diz: "Não é nada pessoal, são apenas negócios". Ela sabia também que havia gente suficiente viciada em cafeína (sem se importar com quem a fornecia) para se manter no negócio. Hoje, anos depois, ela se mudou para outro ponto na mesma rua, com mais vagas de estacionamento e espaço para expandir os negócios, para que possa oferecer mais do que apenas café. Algumas pessoas mantêm o boicote ao local, mas há muitas outras que aparecem lá todos os dias. E Jean tem o que sempre quis: seu próprio negócio.

De um início humilde...

Uma mulher notável que assumiu um grande risco foi Lillian Vernon, que teve a ideia inovadora de transformar o dinheiro que as pessoas deram a ela como presente de casamento em um negócio – sabe como é, só algo para mantê-la ocupada e dar um dinheirinho enquanto estava em casa com as crianças.

Na verdade, essa é uma história bastante conhecida, mas ainda há diversas lições que podem ser aprendidas com ela – algumas das quais tive a oportunidade de ouvir da própria fonte quando trabalhei na companhia que leva o nome da senhorita Vernon. Os dados básicos são os seguintes:

- A srta. Vernon (e é sempre srta. Vernon, apesar de o sobrenome dela não ser esse) percebeu que as pessoas poderiam querer fivelas de cinto e bolsas personalizadas e de acordo com a moda, então colocou um pequeno anúncio na revista *Seventeen* oferecendo esses itens a um preço bem razoável.
- Ela estava certa. Recebeu 32 mil dólares em encomendas de mercadorias.
- Ela transformou suas fivelas e bolsas em uma empresa

multimilionária. E se tornou uma pessoa importante. Por exemplo: em reconhecimento a seu apoio à Universidade de Nova York (onde ela estudou por dois anos antes de sair para se casar), a instituição de ensino estabeleceu em sua homenagem o Centro Lillian Vernon de Relações Internacionais. E ela participou do conselho de admiradas organizações como o Centro Kennedy e o Centro Lincoln. Além disso, recebeu prêmios como a Medalha de Honra Ellis Island, o prêmio do Hall da Fama do Marketing Direto e o prêmio Herói Nacional Grandes Irmãos Grandes Irmãs.

De acordo com o Centro de Pesquisas de Negócio das Mulheres, "as mulheres que são donas de negócios têm três objetivos primordiais: gostar do trabalho cotidiano, aumentar o lucro e ter liberdade para colocar em prática seus próprios métodos de trabalho".

Em outras palavras, Lillian Vernon assumiu riscos (como ter sido uma das primeiras empresárias norte-americanas a tentar vender seus produtos na Ásia), jogou de acordo com suas próprias regras (quantas outras mulheres iniciaram o próprio negócio em cima da mesa da cozinha na década de 1950?), e tudo isso compensou. Um detalhe sobre a senhorita Vernon (e digo isso com todo o respeito): ela estava em contato com sua mulher poderosa interior. Ela entendeu que era a chefe, tinha orgulho, e com razão, de tudo o que conseguiu, e usou sua posição de líder empresarial para ajudar outras mulheres a construir carreiras de sucesso. Obviamente, ela também era uma força a ser levada em consideração, mantendo a si mesma e seus funcionários em padrões muito elevados – sem pedir licença nem desculpas.

Em outras palavras, ela foi um sucesso.

Apêndice A

~ Dez dicas para ter a carreira que você deseja ~

1. Certifique-se de que a escada da sua carreira esteja apoiada na parede correta. O que isso significa exatamente? Significa que sua mulher poderosa interior sabe que você precisa escolher a carreira certa no momento certo. Quer você seja uma iniciante, quer já tenha alguma experiência, a construção da carreira que deseja exige que você dedique seus dias de trabalho a algo de que goste. No mundo ideal, isso significa que, pelo menos durante uma parte do tempo, o trabalho vai parecer uma brincadeira.

2. Saiba o que quer e esteja disposta a fazer o que for necessário para conseguir. Isso não significa perseguir cruelmente seus objetivos profissionais até atingi-los. Significa apenas que você aceita isso...

3. Não há nada de errado em ser ambiciosa.

4. Planeje o trabalho que tem pela frente e foque nesse planejamento. Como Mary Kay Ash disse certa vez,

"os abençoados com mais talento não vão necessariamente ser melhores que todo o resto. São as pessoas que terminam o que começam que se sobressaem". Sua mulher poderosa interior sabe que levar consigo um mapa é a maneira mais garantida de chegar àquele lugar chamado *sucesso*.

5. Pratique ioga mental: seja flexível. Claro, você pode ter iniciado sua vida profissional na área do marketing, mas isso não significa que um dia você não possa decidir mudar totalmente de rumo ao descobrir que sua vocação é ser dona de casa.

6. Monte sua equipe e, depois, faça uso dela.

7. Aproveite as férias.

8. Aja como se já tivesse chegado lá. É o que deseja a sua mulher poderosa interior.

9. Erros vão acontecer: lide com eles de cabeça erguida.

10. "Não viva de acordo com as expectativas. Vá lá e faça algo extraordinário." (Wendy Wasserstein)

DICA BÔNUS: Saiba a diferença entre você e sua carreira.

Apêndice B

~ Mire-se no que outros já disseram ~

Este apêndice refere-se, é claro, a frases inspiradoras que sua mulher poderosa interior considera úteis para ficarem expostas em algum lugar que você possa ver em algum momento do dia. Tire uma cópia do que servir melhor para você – ou liberte-se e crie seus próprios ditados!

É mais fácil pedir desculpas do que pedir permissão. Pense nisso na próxima vez que estiver planejando alguma manobra ousada.

"Se na primeira vez não der certo, destrua todas as evidências de que você tentou."

~ Susan Ohanian ~

Dane-se se eles não entenderam a piada.

Se o topo é mesmo um lugar tão solitário, por que os rapazes não nos convidam para nos juntar a eles?

"Aja como se fosse impossível falhar."

~ Dorothea Brand ~

Essa coisa de "tamanho único" é tão útil para o sucesso quanto é para seu guarda-roupa.

Quem não a ajuda a chegar ao topo com certeza não vai ajudá-la a continuar lá.

Você diz que sou poderosa como se isso fosse pejorativo...

Eu não preciso saber de tudo. Tenho pessoas para isso.

Este livro foi composto em
ITC Serif Gothic e Script MT para a
Editora Planeta em agosto de 2013.